# »We can do«

Geschlechtsspezifische Raumaneignung am Beispiel von Graffiti von Mädchen und jungen Frauen in Berlin

Coverbild: „Anne“, fotografiert von Nadja Madlener
Redaktion: Bea Dorn

Nadja Madlener

# »WE CAN DO«

## Geschlechtsspezifische Raumaneignung am Beispiel von Graffiti von Mädchen und jungen Frauen in Berlin

*ibidem*-Verlag
Stuttgart

**Bibliografische Information Der Deutschen Bibliothek**

Die Deutsche Bibliothek verzeichnet diese Publikation in der Deutschen Nationalbibliografie; detaillierte bibliografische Daten sind im Internet über <http://dnb.ddb.de> abrufbar.

∞

Gedruckt auf alterungsbeständigem, säurefreien Papier
Printed on acid-free paper

ISBN: 3-89821-373-0



Printed in Germany

## INHALTSVERZEICHNIS

## VORWORT

Die vorliegende Studie befasst sich mit dem Thema geschlechtsspezifische Raumaneignung am Beispiel von Writing von Mädchen und jungen Frauen in Berlin. Zugang zu diesem Thema fand ich durch meine Tätigkeit in einer Jugendfreizeiteinrichtung für Mädchen in Berlin-Mitte. Durch die Arbeit mit den Mädchen erhielt ich Einblick in eine Jugendkultur, die mir bis dahin eher unbekannt war. Ich nahm Graffiti als Teil des Stadtbildes wahr, dennoch blieb mir verborgen, was und wer hinter diesen Bildern steckt. Es war faszinierend zu beobachten, wie sich die Mädchen in einer jungendominierten Szene bewegen, wie sie sich darin Platz machen und sich ihren Raum ›erobern‹. An dieser Stelle bedanke ich mich herzlichst bei den Writerinnen: ARON, CERA, CHIKA, JUDY, PREMA, SONNE, SOUND, YASD, ZIPO.

# 1 EINLEITUNG

Das Thema der vorliegenden Studie entstand nicht nur durch mein Interesse, welches durch den Kontakt mit Mädchen aus der Writer-Szene und durch Alltagsbeobachtungen hervorgerufen wurde. Besonders durch die Sichtung der Literatur erschloss sich mir ein Thema, das in dieser Form und Kombination neu und aktuell ist.

Die Verbindung von ›Raum – Mädchen – geschlechtsspezifischer Raumaneignung – Graffiti‹ stellt ein interessantes Forschungsfeld dar, das nicht nur Einblick in die sozialwissenschaftlichen Theorien zu Raum und Raumaneignung gibt. Das zentrale Ziel dieser Studie ist, das Raumverhalten von Mädchen einer aktiven, raumgreifenden Jugendkultur zu beobachten und zu beschreiben. Dabei wird auch die Rolle von Mädchen in öffentlichen Räumen thematisiert.

Seit einigen Jahren häufen sich Arbeiten zum Thema ›Raum‹, welcher nicht länger als konkreter Ort, Platz oder Territorium gedeutet wird. Die Wechselwirkung von Individuum und Raum wird immer mehr betont. Soziales Handeln findet in Räumen statt. Gerade für die Erziehungswissenschaften eröffnet sich dadurch ein neues Betätigungsfeld: Bildungsprozesse sind räumlich verankert. Durch die Aktualität des Themas werden Forderungen – vor allem aus den Reihen der Frauenforschung und der feministischen Stadtplanung – nach einer räumlichen Differenzierung nach Geschlecht gestellt. Nur so kann eine Auseinandersetzung mit dem Thema ›Geschlecht und Raum‹ der Lebensrealität und dem Lebensraum von Mädchen gerecht werden. Graffitis entstehen an einem bestimmten Ort. Die eigene ›Unterschrift‹ wird in das Stadtbild gesetzt. Graffiti ist vor allem ein urbanes Phänomen, das raumgebunden ist.

Die Wechselbeziehung zwischen Raum und AkteurIn soll hierbei unterstrichen werden. Es sind Mädchen, die zu Wort kommen. In der Graffiti-Forschung werden Mädchen oft ignoriert. Writing stellt eine Jungendomäne dar. Doch gerade dieser Fakt macht es umso interessanter, sich auf die Suche nach Writer-Mädchen zu machen. Meine Intention ist es, herauszufinden, wo die Mädchen verortet sind, warum sie sprühen und wie sich ihre Lebenssituation in einer männlich-besetzten Welt darstellt.

Über allem steht jedoch die Frage, wie sich die Mädchen den urbanen Raum erschließen. Dabei wähle ich die Methode der narrativen Interviews für die wissenschaftliche Auseinandersetzung mit dem Thema.

Daraus entwickelten sich folgende Fragestellungen:

- Wie erschließen sich Mädchen aus der Writer-Szene den urbanen Raum? Wie gestaltet sich der großstädtische Lebensraum für die Mädchen? Wie bewegen sie sich im urbanen Raum, wie nutzen sie ihn, wie nehmen sie ihn wahr? Welche Bedürfnisse befriedigen die Mädchen an ›ihren Orten‹? Welche Kriterien gelten für die Ortsauswahl?
- Welche Funktion hat Graffiti für Writer-Mädchen? Wie nehmen sie ihre soziale Position in einer jungendominierten Szene wahr? Welche Motive stehen hinter dem ›Sprayen‹?
- Gibt es eine geschlechtsspezifische Nutzung von sozialen Räumen? Wie gestaltet sich der Alltag von Mädchen in öffentlichen Räumen? Welche Einschränkungen erfahren Mädchen im öffentlichen Raum?

Die Hypothese, dass eine Interaktion zwischen Raum und Individuum besteht, die eine soziale Verortung von Bildungsprozessen bewirkt, bildete die Grundlage für die vorliegende Abhandlung. Graffiti ist als urbanes Phänomen zu verstehen. Urbanität motiviert Bildungsaneignung.

Im ersten Teil werden verschiedene Konzepte zum Begriff ›Raum‹ vorgestellt. Zunächst wird der Versuch gestartet einen erziehungswissenschaftlichen Zugang zum Thema zu finden. In den Erziehungswissenschaften ist bislang keine exakte Theorie des Raumes formuliert worden. Dennoch ist jede Erziehungstheorie mit einem bestimmten Ort verbunden. Als Beispiel dient mir das pädagogische Werk Jean-Jacques ROUSSEAUS. Schon bei »Emile oder über die Erziehung« (1762/1971) kann die (implizite) Annahme einer räumlichen Veortung sozialer Handlungskompetenz aufgezeigt werden. Darauffolgend werde ich den Begriff ›Raum‹ mit Hilfe von verschiedenen AutorInnen definieren.

Kinder und Jugendliche sind aktiv handelnde Subjekte, sie stehen ihrer Umwelt nicht passiv gegenüber. Im dritten Kapitel wird dieser Ansatz aufgenommen und die Raumaneignung von Kindern und Jugendlichen beschrieben. Dabei werden verschiedene Ideen zur Raumaneignung diskutiert. Danach wird auf die

Raumaneignung von Mädchen näher eingegangen. Ihr räumliches Verhalten ist dabei eng mit ihrer Sozialisation verbunden. Darauf aufbauend wird das Alltagsverhalten von Mädchen in öffentlichen Räumen dargestellt. Mädchen nutzen den öffentlichen Freiraum anders als Jungen. In der Literatur herrscht die Meinung vor, dass Mädchen den öffentlichen Raum weniger nutzen als Jungen. Neuere Publikationen relativieren diesen Ansatz: Mädchen wären genauso in der Öffentlichkeit zu verorten als Jungen. Dennoch erfahren besonders Mädchen Einschränkungen in ihrem räumlichen Verhalten.

Im fünften Kapitel wird der ›Straßenraum‹ näher betrachtet. In der Literatur wird zunehmend die Bedeutung der ›Straße‹ als Lernort für Kinder und Jugendliche diskutiert. Öffentliche Räume werden immer mehr zu institutionellen Räumen. Das Spielen in der unmittelbaren Wohnumgebung wird an spezielle Orte verlagert. Eine aktive (Lebens-)Raumaneignung wird dadurch verhindert.

Gegenstand des darauffolgenden sechsten Kapitels sind die Prozesse der Veränderung, denen die Alltagsstrukturen von Kindern und Jugendlichen unterworfen sind. Verinselung, Verhäuslichung und Institutionalisierung als begriffliche Beschreibung werden thematisiert.

Der zweite Teil widmet sich einer eigenen Untersuchung. Im siebten Kapitel wird der Begriff ›Graffiti‹ als Jugendkultur und urbanes Phänomen näher betrachtet: seine Entstehung, seine Richtungen und seine Reise nach Europa wird aufgezeigt. Das Epizentrum liegt in Berlin – der europäischen ›Writer‹-Hauptstadt. Geschlechtsspezifische Unterschiede in der Berliner Writer-Szene werden hier bereits aufgezeigt. Im vorletzten Kapitel werden die eigenen Forschungsergebnisse vorgestellt. Anhand von neun geführten Interviews unternehme ich den Versuch, Aussagen über das Raumverhalten von Writer-Mädchen zu treffen.

## 2 DER RAUMBEGRIFF

Um der Frage nachgehen zu können, wie sich eine geschlechtsspezifische Raumaneignung vollzieht, wird es zunächst sinnvoll sein, den Raumbegriff in den Sozialwissenschaften bzw. Erziehungswissenschaften näher zu beleuchten.

›Raum‹ war lange Zeit eine vernachlässigte Dimension in den Sozial- und Erziehungswissenschaften. Der Grund dafür war, dass der Zeitbegriff ein (scheinbar) lohnenswerteres Forschungsfeld darstellte. Dies war begleitet von der Annahme, dass Raum abstrakt sei und somit keine Bedeutung habe. Hinter diesem Raumbild stehen vor allem absolutistische Raumkonzeptionen, die ihn als bloßen ›Behälter‹ sehen. Raum stelle dabei eine eigene Wirklichkeit dar und entwickle sich nicht aus sozialem Handeln heraus[1]. Er wird als Ort, Platz, Territorium oder Boden gesehen. Die Wechselwirkung zum sozialen Handeln wird dabei ignoriert, da Raum als etwas »Totes« und »Unbewegliches« (FOUCAULT, 1991) gesehen wird. Soziales Handeln wird demnach nur aus sozialen Prozessen heraus erklärt. Ignoriert wird – laut Martina LÖW (2001, S. 130) –, dass die Entstehung von Räumen auch einen sozialen Prozesscharakter hat. Gerade gesellschaftliche (und räumliche) Veränderungen, wie Verinselung von Lebenswelten oder Globalisierungsprozesse, können von absolutistischen Konzeptionen nicht erklärt werden. Hier bedarf es einer Raumvorstellung, die auf relativistischen Erkenntnissen aufbaut, wobei die absolutistischen Begriffe aufgenommen werden und in einen prozessualen Raumbegriff hineinfließen sollen (LÖW, 2001, S. 67). Dieser Ansatz wird aufgenommen.

Ich wähle im Folgenden eine soziologische Herangehensweise an den Raumbegriff, da es – so lautet eine meiner Thesen – keine ausformulierten Raumtheorien in den Erziehungswissenschaften gibt. Es finden sich zwar innerhalb der Pädagogik einige Artikel und Arbeiten zum Raum, die jedoch nicht den Charakter von systematischen (Raum-) Theorien haben.

---

[1] PARSONS beispielsweise sieht im Handeln zwar eine zeitliche Dimension, nicht aber eine räumliche (PARSONS, 1967, S. 45, zit. nach DANGSCHAT, 1996, S. 99).

Außerdem werden die – für die Erziehungswissenschaften relevanten – räumlichen Bildungs- und Sozialisationsprozesse von der Soziologie mehr berücksichtigt, als von geographischer oder philosophischer Seite. So rechtfertigt sich für mich eine soziologische Herangehensweise[2].

ECARIUS und LÖW (1997), Herausgeberinnen des Buches »Raumbildung – Bildungsräume«, bringen den Raumbegriff wieder in das Blickfeld aktueller erziehungswissenschaftlicher Diskussionen. Bereits MOLLENHAUER betont die Wichtigkeit von Raum und meint: Raum und Zeit stelle ein »Konstruktionsmittel für gesellschaftliche Wirklichkeit« (MOLLENHAUER, 1981, S. 68, zit. nach ECARIUS/LÖW, 1997, S. 7) dar. Es existieren nicht nur physische, gebaute und natürliche Räume, sondern auch durch das Handeln zustande gekommene soziale Räume. Diesen Ansatz vertreten auch ECARIUS/LÖW, welcher im Folgenden näher betrachtet wird. Gerade in Bildungsprozessen werden Raumbilder vermittelt. Soziales Handeln findet in sozialen Räumen statt, wird dort geübt, gefestigt und ist auch einem gesellschaftlichen Wandel unterworfen.

Wie jeder solziale Prozess finden auch Bildungsprozesse in Räumen statt. Eine Analyse von Bildungsprozessen versteckt auch immer eine Analyse des Bildungsraumes. Die Erziehungswissenschaften könnten somit den Wandel sozialer Räume erfassen. Im Bereich der Analyse von Bildung und Bildungsprozessen gibt es eine große Anzahl von Forschungsergebnissen. Durch die lange Vernachlässigung des Raumes ist es den Erziehungswissenschaften (noch) nicht gelungen eine eigene erziehungswissenschaftliche Theorie des Raumes zu entwickeln.

Auch in den Sozialwissenschaften wurde der Raumbegriff lange (bewusst) ausgeschlossen. Doch gibt es seit Anfang der 90er Jahren einige Auseinandersetzungen damit, vor allem aus den Reihen der Stadt- und Regionalsoziologie (z.B. LÄPPLE, 1991 oder DANGSCHAT, 1996). Jedoch berufen sich in den letzten Jahren immer mehr AutorInnen auf neuere (sozialphilosophische oder politische) Ansätze, wie beispielsweise auf Michel FOUCAULT, Pierre

---

[2] Ich habe in der vorliegenden Arbeit eine Auswahl an theoretischen Bezugspunkten gewählt, die meiner Meinung nach für meine Fragestellung relevant sind. Der Rahmen der Arbeit wäre ohnehin zu klein, um alle historisch-gesellschaftlichen Raumtheorien zu beschreiben. Außerdem wurden bewusst aktuelle Autorinnen und Autoren gewählt. Die verschiedenen Raumannäherungen sind nachzulesen in LÖW (2001).

BOURDIEU oder Hannah ARENDT. Die Soziologie (in Ansätzen auch die Erziehungswissenschaften) entdeckt den Raum also gerade (wieder), während die eigentliche ›Raumwissenschaft‹, die Geographie, sich davon verabschiedet. Gerade für die Erziehungswissenschaften ist Raum eine Kategorie, in der sich die pädagogische Praxis zeigt: Bildungsprozesse schaffen und ermöglichen soziales Handeln. Soziales Handeln vollzieht sich immer in einem Raum.

Die pädagogische Praxis und ihre Institutionen sind also verräumlicht, was im folgenden Kapitel »Der Raum in der Pädagogik – Räume als Lernorte« dargestellt wird. Darauffolgend wird eine Auswahl von raumtheoretischen Konzepten vorgestellt. Nach einer kurzen Diskussion der Raum-Problematik des ROUSSEAUschen Konzeptes werde ich alternative Raumbegriffe anführen. Als erstes werde ich den sozialen Raumbegriff Pierre BOURDIEUS beschrieben. Sein Habituskonzept eignet sich, um Raum in einen sozialen Prozess einzubinden. Wie Räume allerdings konkret entstehen, bleibt bei BOURDIEU weitgehend offen. Darauf aufbauend soll die Theorie gesellschaftlicher Räume von Dieter LÄPPLE zur Erklärung der Entstehung von sozialen Räumen dienen. Im nächsten Kapitel wird der Versuch von Martina LÖW dargestellt, die verschiedenen Raumbetrachtungen zusammenzuführen und Raum in einer relativistischen Raumkonstitution zu begründen. Die Ansätze von GEIGER und FOUCAULT werden den ersten Teil des vorliegenden Textes abschließen.

Bei allen vorgestellten Theorien wird der Versuch unternommen werden, die soziologischen Raumtheorien in Zusammenhang mit Bildungsprozessen zu stellen. ECARIUS und LÖW (1997, S. 8) bringen dies mit folgender Formulierung passend auf den Punkt.: »In diesem Anliegen ist die Soziologie auf die Erziehungswissenschaft angewiesen und – vice versa – die Erziehungswissenschaft auf die Soziologie«.

## 2.1 DER RAUM IN DER PÄDAGOGIK – RÄUME ALS LERNORTE

Wenn in der Pädagogik von Räumen gesprochen wurde, dann war meist von institutionellen Räumlichkeiten die Rede. Schulen, Kindergärten, Horte, oder Jugendhäuser sind beispielsweise Orte der Erziehung. Erziehung stellt ein bestimmtes Handeln dar, das an bestimmten Orten stattfindet. Ich gehe davon aus, dass soziales Handeln immer mit einem konkreten Ort verbunden ist, d.h. eine Pädagogin oder ein Pädagoge handelt immer in einem (öffentlichen, institutionalisierten) Raum.

Bislang hat die Erziehungswissenschaft keine Theorie des Raumes beschrieben. Raum ist also in der Pädagogik nicht ›eindeutig‹ definiert. Ich möchte um so mehr betonen, dass jede Erziehungstheorie räumlich verortet ist. Als Beispiel hierfür wähle ich das pädagogische Werk Jean-Jacques ROUSSEAUS. Im Zentrum dessen steht sein Erziehungsroman »Emile oder Von der Erziehung« (1762/1971). Das Werk ist zu umfassend, als dass es hier vollständig erläutert werden könnte. Ich unternehme jedoch den Versuch, räumliche Faktoren in ROUSSEAUS »Emile« als historisches Beispiel für die Beschreibung von Räumen in der Pädagogik herauszuarbeiten. Dass dabei geschlechtsspezifische Unterschiede herauszulesen sind, wird im Folgenden ersichtlich werden. ROUSSEAU (1762/1971)[3] setzt seine Erziehungstheorie im Konzept der »negativen Erziehung« um. Das besagt, dass alle »außersachlichen Lerngründe« (z.B. Drohung, Zwang) verworfen werden sollen.

> »Zum einen will sie (die negative Erziehung, Anm. N.M.) den Heranwachsenden aus dessen eigener Erfahrung die nötigen Kenntnisse und Fertigkeiten erlernen lassen; sie kann mithin nicht die Resultate der Erziehung selbst, sondern nur die Tätigkeit des Heranwachsenden herbeiführen und muss zu diesem Zwecke an die Stelle des Gesetzes des Stärkeren, der Autorität des Erziehers, das Gesetz der Notwendigkeit als korrespondierende Instanz klug geregelter Freiheit setzen. Zum anderen will sie schon zu Beginn der eigentlichen Erziehung deren Ende vorbereiten mit der Absicht, die einzelnen Erziehungsmaßnahmen so einzurichten, dass sie sich selbst überflüssig und den Heranwachsenden von seiner Angewiesenheit auf Erziehung schrittweise frei machen« (BENNER, 1973, S. 36, zit. nach BÖHNISCH/MÜNCHMEIER, 1990, S. 35)

[3] Die Erziehungstheorie ROUSSEAUS soll hier nur kurz skizziert werden.

Die »negative Erziehung« ist gewissermaßen eine »indirekte Erziehung« (vgl. ebd.) und ist von einer Paradoxie gekennzeichnet: auf der einen Seite soll Erziehung als Einflussnahme verhindert, auf der anderen soll das Kind kontrolliert und überschaut werden (vgl. JACOBI, 1990, S. 312).

ROUSSEAU spricht zwar von einem Eigenrecht des Kindes, hat aber eine pädagogische Absicht im Hinterkopf. Er formuliert das Ziel der Pädagogik folgendermaßen: »Wir haben ein handelndes und denkendes Wesen geschaffen, und nun bleibt uns, um den Menschen zu vollenden, nur noch übrig, ein liebendes und fühlendes Wesen zu schaffen, das heißt, die Vernunft durch das Gefühl zu vervollkommnen« (ROUSSEAU, 1962/1971, S. 427).

Was heißt dies für die Aneignung von Räumen heutzutage? Die Pädagogin, der Pädagoge fördert selbstdenkende, handelnde und fühlende Menschen[4]. Dasselbe gilt auch für die Aneignung von Räumen: ROUSSEAU geht von einem aktiv-handelnden Individuum aus, das sich seine Umwelt selbst erschließt. Die Leistung der ErzieherIn bestehe darin, dass sie die »Zöglinge« dazu ermuntern und dadurch die »natürliche Entwicklung« fördern soll.

Folgendes Beispiel soll dies demonstrieren: Emile sieht, wie ein Garten umgegraben wird, wie Gemüse gesät wird, wie es keimt und wächst. Er beschließt, durch Ermutigung seines Erziehers, selbst Gärtner zu werden. Der Erzieher gräbt die Erde um, er ist sein »Gärtnergehilfe« und übergibt ihm nun die bearbeitbare Erde. Emile pflanzt Bohnen und nimmt sie dadurch in Besitz, d.h. er erschließt sich die Welt des Gartens, indem er sie durch eine Tätigkeit (das Bohnenpflanzen) aneignet. Der Garten fungiert hier als Raum, der erschlossen werden will. Sein Erzieher ermutigt ihn dazu, fördert ihn, sich den Garten anzueignen.

Dahinter steht eine bestimmte erzieherische Absicht: Durch die Inbesitznahme des Gartens erwirbt Emile besondere Fähigkeiten. Er nimmt erstens etwas in Besitz, erlernt dadurch was es heißt Besitz zu haben. »Jeden Tag werden die Bohnen gegossen. Mit Entzücken sieht er sie keimen. Ich vermehre diese Freude, indem ich ihm sage: Das gehört dir!« (ROUSSEAU, 1762/1971, S. 78). Hier wird ersichtlich, dass hinter der Raumaneignung Emils eine bestimmte Absicht verfolgt wird.

---

[4] Ich möchte hier anmerken, dass ich den Gebrauch von ›der Mensch‹ (im Singular) im Folgenden vermieden habe, da der Prototyp von ›der Mensch‹ nach wie vor als ›der Mann‹ verstanden wird.

Daraus schließe ich, dass Räume bei ROUSSEAU Lernorte darstellen. Emile lernt im Garten. Der Erzieher inszeniert also einen Bildungsvorgang. Er plant was gelernt werden soll.

BÖHNISCH/MÜNCHMEIER (1990, S. 36) sprechen im Zusammenhang mit ROUSSEAUS Erziehungstheorie gar von einer »Didaktik des Raumes«. Das Konzept der »natürlichen Erziehung« lasse den Raum nicht so, wie er ist, sondern gestaltet und nutzt ihn als Lernraum durch das Einsetzen von altersgemäßen Beschäftigungen, Erfahrungen oder Spielen (ebd.). Es bestätigt sich also die vorangestellte These, dass Bildungsprozesse immer in Räumen stattfinden.

Zusammenfassend kann gesagt werden, dass ROUSSEAU das Problem der Menschwerdung als Erziehungsaufgabe definiert hat (vgl. JACOBI, 1990, S. 304). Das Ideal für Emiles Erziehung ist die Freiheit. Bei genauerem Hinsehen entpuppt sich dieser Freiheitsbegriff als ›Freiheit der Brüder‹ (vgl. GARBE, 1992, S. 36). ROUSSEAU dachte dabei nicht an alle Kinder: Erziehung ziele auf das selbständig denkende, handelnde und fühlende männliche Individuum. SCHMID (1992, S. 839f) betont, dass ROUSSEAU zwei Erziehungskonzeptionen entwickelt hat: eine für Jungen und eine für Mädchen. Was aber in der erziehungswissenschaftlichen Diskussion von ihm rezipiert werde, ist die Erziehung des Emile, die Ausführungen ROUSSEAUS (besonders im 5. Buch seines pädagogischen Werkes) über Sophie wurden dabei ignoriert und ausgelassen.

Nur so wurde es möglich, dass er als emanzipatorischer Pädagoge selbst im renommierten pädagogischen Diskurs (beispielsweise RANGS (1959) pädagogische Studie über ROUSSEAU) gehandelt wurde. Folgendes Zitat diente vor allem als Zielscheibe feministischer Kritik[5]:

---

[5] An dieser Stelle könnte viel über die verschiedenen Ansätze feministischer Kritik gesagt werden, die jedoch den Rahmen der vorliegenden Arbeit sprengen würden. Hier nur soviel: Die Kritik an ROUSSEAU lässt sich der Einfachheit wegen in zwei verschiedenen Richtungen einteilen (vgl. hierzu auch SCHMID, 1992, S. 843-852): Die Repressionsthese und ihre Relativierung. ROUSSEAU fordere keine Gleichstellung von Mann und Frau (wie es vielleicht in den ersten vier Büchern angenommen wird). Die Frau unterstehe dem Mann. Dabei rechfertige er sein Bild der Frau biologisch: Frauen und Mädchen wären von Natur aus zur Abhängigkeit, Fremdbestimmung und Unterdrückung bestimmt. ROUSSEAU sehe Frauen nicht so wie sie sind, sondern so wie er sie gerne hätte. Dies wird jedoch von vielen Kritikerinnen relativiert. JACOBI (1990) beispielsweise betont, dass ROUSSEAU auch dem weiblichen Menschen eine ›Perfektibilität‹ einräumt, nur eben eine andere als Emile. Sie besteht auf eine Kritik in seinen oft paradoxen Ausführungen, jedoch greife eine Kritik, wie sie durch die Represssionsthese formuliert wurde, zu kurz.

»Die ganze Erziehung der Frauen muß sich also auf die Männer beziehen. Ihnen gefallen, ihnen nützlich sein, sich von ihnen lieben und ehren lassen, sie aufziehen, solange sie jung sind, sie umsorgen, wenn sie groß sind, ihnen raten, sie trösten, ihnen das Leben angenehm und süß machen, das sind die Pflichten der Frauen zu allen Zeiten, und das muß man sie von Kindheit an lehren.« (ROUSSEAU, 1962/1971, S. 477)

Dies behalte ich im Hinterkopf und arbeite noch einmal ein Beispiel aus »Emile oder Von der Erziehung« heraus: Im fünften Buch beschreibt ROUSSEAU (ebd., S. 385ff) die Erziehung von Sophie. Sie soll zur Sanftmut und Folgsamkeit erzogen werden (ebd., S. 484f). Auf Seite 430 beschreibt er, was Sophie am besten kann und was als Beispiel dienen soll: »Was Sophie am besten kann und was man sie mit größter Sorgfalt hat lernen lassen, das sind die weiblichen Handarbeiten. [...] Auch aller Angelegenheiten des Haushalts hat sie sich angenommen«. ROUSSEAUS Erklärung hierfür sieht folgendermaßen aus: Sie gehöre »zu den obersten Pflichten (hier: die Sauberkeit, Anm. N.M.) einer Frau«, die »eine dem Geschlecht eigene, unerläßliche und von der Natur auferlegte Verpflichtung« wäre (ebd., S. 431). ROUSSEAU gibt aber auch eine andere Erklärung hierfür, die im oberen Zitat ersichtlich ist: Sophie kann auch deshalb so gut Handarbeiten, weil »man sie (es, Anm. N.M.) mit größter Sorgfalt hat lernen lassen« (ebd., S. 430). Ich möchte in diesem Zusammenhang darauf hinweisen, dass die Aneignung von Räumen abhängig ist von Erziehung und Sozialisation. Bereits bei ROUSSEAU ist dies bemerkbar. Darauf aufbauend schließe ich, dass sich Mädchen also eher in häuslichen, sowie in hausnahen Räumen aufhalten sollen. Jungen dagegen entdecken, erobern Räume, streifen umher. Der zugeschriebene Raum der Frau ist also der häusliche Bereich.

ROUSSEAU wird als Vordenker der Pädagogik gehandelt. Die Pädagoginnen und Pädagogen haben sich ihm ganz besonders angenommen und ihn trotz seiner ambivalenten Aussagen so ›zurechtgestutzt‹, wie sie ihn für ihre bildungsbürgerliche Pädagogik brauchten (vgl. JACOBI, 1990, S. 305). Ich schließe mich Juliane JACOBI (ebd.) an, wenn sie sagt, dass dadurch endlose Nachfolger von »Emiles« und ebenso unzählige Nachfolgerinnen »Sophies« produziert wurden. So erstaunt es nicht, dass selbst in den 90er Jahren des 20. Jahrhunderts von einer Unsichtbarkeit von Mädchen im öffentlichen Raum gesprochen wird.

## 2.2 DAS RAUMKONZEPT SOZIALER UNGLEICHHEITEN

Eine Welt, in der die Menschen immer stärker für ihre eigene Lebensgestaltung sind, wo private Lebensläufe von wirtschaftlichen Veränderungen beeinflusst sind und eine Welt, die sich zu einer Geld- und Informationsgesellschaft hin entwickelt, ist in zunehmendem Maße von sozialen Ungleichheiten geprägt. Die Aneignung und die Annahme von ökonomischen, kulturellen und sozialen Ressourcen ist immer mit sozialen Räumen verbunden. Vor allem im Hinblick auf die zunehmenden Individualisierungsprozesse, wird das Individuum immer stärker dazu aufgefordert, sein Leben eigenständig zu planen und zu organisieren.

Für die Erziehungswissenschaft heißt das nun, dass besonders ›Lernen‹ einen prozesshaften Charakter annimmt. In diesem Zusammenhang wird immer mehr von Lernen als lebenslanger Prozess (DEWE, 1989 zit. nach ECARIUS, 1997, S. 45) gesprochen. Lernen hat eine räumliche Komponente. Soziales Handeln, soziales Lernen und soziale Aneignung findet in sozialen Räumen statt. Dass diese Räume von sozialen Ungleichheiten geprägt sind, soll im Folgenden thematisiert und beschrieben werden.

BOURDIEU (1982) hat eine Theorie sozialer Ungleichheiten entwickelt und diese auch in Zusammenhang mit gesellschaftlichen Räumen gesehen. Auch wenn hier keine eindeutige Erklärung des sozialen Raumes vorliegt, wird BOURDIEUS Ansatz sozialer Ungleichheiten gerne zur räumlichen Betrachtung der Gesellschaft herangezogen. BOURDIEU (1991/1985, S. 9) sieht die Soziologie als eine Art Sozialtopologie, die sich – wie der Name schon verrät – in Form eines »mehrdimensionalen Raumes« präsentiert.

Die Welt wird als sozialer Raum gesehen. Die soziale Position der AkteurInnen ist anhand ihrer relativen Stellung innerhalb dieses Raums definiert (BOURDIEU, 1985, S. 10). Die Konstruktion eines Raumes ist durch drei Grunddimensionen bestimmt, welche im Folgenden beschrieben werden: Kapitalvolumen, Kapitalstruktur und zeitliche Entwicklung dieser beiden Größen (BOURDIEU, 1982, S.195f).

Aus BORDIEUS Theorien des Lebensstils, der sozialen Ungleichheiten und jenen der drei Kapitalsorten (ökonomisches, kulturelles und soziales Kapital) sind räumliche Komponenten herauszulesen. Damit dieser Ansatz mit einem pädagogischen Blick auf soziale Räume angewendet werden kann, muss er erweitert werden. ECARIUS (1997) unternimmt den Versuch, BOURDIEUS Beschreibung sozialer Räume auf altersspezifische Sozialräume auszuweiten. Kinder, Jugendliche, junge Erwachsene und alte Menschen werden von BOURDIEU nicht erfasst. Der mehrdimensionale Sozialraum bleibt vorwiegend ein Sozialraum der Erwachsenen. ECARIUS nimmt diesen Aspekt in ihrer pädagogischen Theorie auf und erweitert ihn hinsichtlich der Generationsbeziehungen.

Menschen versteht BOURDIEU nicht nur als biologische Wesen, sondern vor allem als soziale AkteurInnen, die in Beziehung zu einem sozialen Raum stehen. Dies bedeutet nicht nur die Lokalität eines Menschen im Raum, sondern zugleich auch die soziale Position die ein Individuum im sozialen Raum einnimmt. Dabei unterscheidet er zwischen physischem, sozialem und angeeignetem physischem Raum. Der Zusammenhang der drei Dimensionen sieht BOURDIEU (1991, S. 26) folgendermaßen:

> »Wie der physische Raum durch die wechselseitige Äußerlichkeit der Teile bestimmt ist, so der soziale Raum durch die wechselseitige Ausschließung (oder Distinktion) der ihn konstituierenden Positionen, das heißt als eine Struktur des Nebeneinanders von sozialen Positionen. Die sozialen Akteure wie auch die von ihnen angeeigneten und damit zu Eigenschaften, Merkmalen erhobenen Gegenstände sind an einem Ort des sozialen Raums lokalisiert, der sich anhand seiner relativen Stellung gegenüber den anderen Orten (oberhalb, unterhalb, zwischen und so weiter) und anhand seiner Entfernung von diesen definieren lässt. Der soziale Raum weist die Tendenz auf, sich mehr oder weniger strikt im physischen Raum in Form einer bestimmten distributionellen Anordnung von Akteuren und Eigenschaften niederzuschlagen. Daraus folgt, dass alle Unterscheidungen in bezug auf den physischen Raum sich wiederfinden im reifizierten sozialen Raum (oder, was auf dasselbe hinausläuft, im angeeigneten physischen Raum).«

Für BOURDIEU ist ›sein‹ sozialer Raum ein nicht-physikalischer Raumbegriff (zit. nach DANGSCHAT, 1996, S. 116f). Der physische Raum ist vom sozialen Raum zu trennen. Der soziale Raum schlägt sich – wie oben zitiert – im physischen Raum nieder. Er wird dadurch zu einer Kategorie sozialer Ungleichheit (vgl., ebd., S. 117). BOURDIEU (1991, S. 26f) resümiert dazu: »In einer hierarchisierten Gesellschaft gibt es keinen Raum, der nicht hierarchisiert ist und nicht die Hierarchien und sozialen Distanzen zum Ausdruck bringt...«

Der soziale Raum[6] kann von uns Menschen nur im physischen Raum betrachtet werden, alleine kann er nicht reflektiert werden. Er ist außerdem ein abstrakter Raum, der aus verschiedenen Subräumen und Feldern besteht: wirtschaftliches, intellektuelles, künstlerisches, universitäres Feld usw. Im sozialen Raum finden sich Güter und Dienstleistungen, gleichermaßen wie Individuen und Gruppen (welche mit ihren Körper jeweils an einen Ort gebunden sind). In der hierarchisierten Gesellschaft gibt es unterschiedliche Chancen, an Güter und Dienstleistungen zu kommen. BOURDIEU spricht in diesem Zusammenhang von der physischen Nähe oder Ferne zu den Kapitalen. Dieser Tatbestand führt nun zu einem differentiellen Wert der verschiedenen Orte des sozialen Raumes.

Als Beispiel könnten an dieser Stelle reiche Einkaufsstraßen oder Ghettos in Millionenstädten der sogenannten Dritten Welt genannt werden. Die materielle oder symbolische Aneignung von Gütern im physisch-angeeigneten Raum (laut BOURDIEU dem reifizierten sozialen Raum) hängt von den drei Kapitalsorten ab, dem ökonomischen, sozialen und kulturellen Kapital. Mit dem Besitz von Kapital wächst die physische Nähe zu den Gütern. Kapitallosigkeit hingegen führt zu einer Ortsgebundenheit (im negativen Sinne). In der Struktur der räumlichen Verteilung ist die Machtstruktur einer Gesellschaft sichtbar. Schon zu Zeiten der Kolonialisierung war die Kontrolle über den Raum eine Form der Herrschaftsausübung und heute noch gibt es so etwas wie räumliche Herrschaftsformen. Multikonzerne besitzen oft soviel Land, dass sie ihre Macht (nicht nur) räumlich ausführen. Gerade durch neue gesellschaftliche Veränderungen (Stichwort Globalisierung), kommt es zu einer Aufhebung des herkömmlichen geographischen Raumbegriffs. Es entsteht eine neue Form von Raum. KLEIN (2001) weist auf die Symbolhaftigkeit von Marken hin. Die Logos (und das vermeintliche Lebensgefühl, das verkauft werden will) von Coca Cola und Co werden überall auf der Welt verstanden. Hier kann von grenzüberschreitenden Global Players gesprochen werden, die sich überall ihren Raum nehmen.

---

[6] Eine genauere Beschreibung des physischen, sozialen und physisch-angeeigneten Raum findet sich in: BOURDIEU, 1991, S. 28-34

Zusammenfassend ist es wichtig, den physischen vom sozialen Raum zu trennen. Inwieweit der soziale Raum das soziale Handeln von AkteurInnen provoziert, kann durch den physisch-angeeigneten Raum reflektiert werden.

### 2.2.1 DIE DREI FORMEN DES KAPITALS

BOURDIEU (1983) unterscheidet drei Formen des Kapitals: das ökonomische Kapital, das kulturelle Kapital und das soziale Kapital. Anhand des »Konzepts der Kapitalakkumulation mit allen seinen Implikationen« (ebd., S. 183) führt er den Begriff des Kapitals neu in die Sozialwissenschaften ein. »Kapital ist akkumulierte Arbeit, entweder in Form von Materie oder in verinnerlichter, »inkorporierter« Form. Wird Kapital von einzelnen Akteuren oder Gruppen privat und exklusiv angeeignet, so wird dadurch auch die Aneignung sozialer Energie in Form von verdinglichter oder lebendiger Arbeit möglich. [...] Kapital (ist) eine Kraft, die den objektiven und subjektiven Strukturen innewohnt; gleichzeitig ist das Kapital [...] auch grundlegendes Prinzip der inneren Regelmäßigkeiten der sozialen Welt« (ebd.). Auch an dieser Stelle nimmt Jutta ECARIUS (1997) den Gedanken BOURDIEUS auf. So gewinnt sie einen Raum der für die Pädagogik relevant wird. Die Kapitalsorten würden in Form eines Lebensstils in die Sozialräume hineingetragen und fortentwickelt werden. Lebensstil wird von vielen AutorInnen als ›Wahlfreiheit‹ gedeutet, »als Stilisierung des Lebens aufgrund eines Freiheitsspielraums jenseits unmittelbarer Notwendigkeit« (FRÖHLICH, 1994, S. 46; vgl. dazu auch: HITZLER, 1994).

Lebensstil ist auch eine Dimension sozialer Ungleichheit (BOURDIEU, 1982, S. 278f). Außerdem ist der Lebensstilbegriff raum-zeitlich dimensioniert und ist deshalb permanenten Wandlungen unterworfen (MÜLLER, 1994, zit. nach ECARIUS, 1997, S. 44).

ECARIUS sieht hier einen wichtigen Zusammenhang für die Erziehungswissenschaften: Lebensstile sind in allen altersspezifischen Sozialräumen zu finden. Die Aneignung von Lebensstilen geschieht immer in sozialen Räumen. Die zeitliche Dimension soll dabei jedoch nicht vergessen werden, bei jeder Aneignung von Ressourcen vergeht auch Lebenszeit. Angeeignetes Kapital hat keine bleibende Wirkung, sondern kann ständig verändert, erweitert, aber auch verloren werden. Deshalb ist Lernen – als Aneignung von Kapital – immer als lebenslanger Prozess zu verstehen.

### *a) Das ökonomische Kapital*

Für BOURDIEU ist das ökonomische Kapital »unmittelbar und direkt in Geld konvertierbar« (ebd., S. 185). Das Individuum kann in seiner sozialen Laufbahn in direkter oder in indirekter Form Kontakt zum ökonomischen Kapital haben. Direkt ökonomisches Kapital erhalten die sozialen AkteurInnen erst mit Beginn des Jugendalters in Form von Taschengeld, Ferienjobs oder staatlichen Unterstützungen. Direkten Kontakt zu ökonomischen Ressourcen erhalten Erwachsene oder Jugendliche nur dann, wenn sie einer Berufstätigkeit nachgehen (ECARIUS, 1997, S. 46f). Der Umgang mit Geld wandelt sich stets in der sozialen Laufbahn eines Menschen und wird auch hier von Ausdrucksformen sozialer Ungleichheit begleitet.

### *b) Das kulturelle Kapital*

BOURDIEU (1983) unterscheidet zwischen drei Formen kulturellen Kapitals: das inkorporierte, das objektivierte und das institutionalisierte Kulturkapital. Das inkorporierte Kulturkapital ist ein verinnerlichtes und körpergebundenes Kapital. Es ist eine Fertigkeit, die viel Zeit kostet: »Die Zeit muss vom Investor persönlich investiert werden« (ebd., S. 186). Es handelt sich hier im weitesten Sinn um Bildung, die nicht kurzfristig erworben werden kann.

Objektiviertes Kulturkapital kann materiell oder symbolisch angeeignet werden. Das setzt zum einen ökonomisches Kapital (materielle Güter) und zum anderen inkorporiertes Kulturkapital (eigenes Wissen) voraus. Jugendliche können ihren sozialen Status in der Peer-Group durch den Besitz von jugendspezifisch wichtigen materiellen Gütern heben. Institutionalisiertes kulturelles Kapital ist mit den Institutionen Schule, Berufsschule und Universität verbunden. Sichtbar wird das institutionalisierte Kulturkapital in Form von Bildungstiteln, die durch den Nachweis von Wissen von den Institutionen verliehen werden.

In jedem altersspezifischen Sozialraum stehen andere Lernangebote zur Verfügung. Am einfachsten ist eine aufeinander aufbauende Aneignung des kulturellen Kapitals.

Zwar ist es möglich, auf einem zweiten Bildungsweg versäumtes Wissen nachzuholen, aber dieser Weg ist mit größeren Anstrengungen auf materieller und meist auch psychischer Ebene verbunden. In einer Gesellschaft, die immer stärker von Wandlungen und Veränderungen betroffen ist, wird es immer wichtiger werden, sich möglichst viel kulturelles Kapital anzueignen.

ECARIUS nennt hier – in Anlehnung an BLÜCHNER/FUHS (1994) – das Beispiel, dass Kinder der ›postmodernen Gesellschaft‹ immer mehr eine eigenständige Terminplanung ihrer Freizeit erlernen müssen. Mit fortschreitendem Alter erweitert sich der Sozialraum der Kinder und Jugendlichen. Gerade dieser große Handlungsspielraum bietet die Möglichkeit, eine große Palette von verschiedenen Lebensstilen und Kulturen kennen zu lernen, was sich positiv auf die Entwicklung der AkteurInnen auswirkt. Im Erwachsenenalter dient verinnerlichtes Kulturkapital dazu, mittels Bildungstitel eine Anstellung und eine bestimmte soziale Position zu erhalten, was dann mit ökonomischen Ressourcen verbunden ist.

### c) Das soziale Kapital

> »Das Sozialkapital ist die Gesamtheit der aktuellen und potentiellen Ressourcen, die mit dem Besitz eines dauerhaften Netzes von mehr oder weniger institutionalisierten *Beziehungen* gegenseitigen Kennens oder Anerkennens verbunden sind; oder, anders ausgedrückt, es handelt sich dabei um Ressourcen, die auf der *Zugehörigkeit zu einer Gruppe* beruhen.« (BOURDIEU, 1983, S. 190f, Hervorhebungen im Original)

Bei BOURDIEU ist das soziale Kapital eng mit dem ökonomischen Kapital verbunden. Doch das Sozialkapital ist mehr als ein reines berufliches Beziehungskapital (vgl. ECARIUS, 1997, S. 51). Vielmehr können darunter ebenso altersspezifische Beziehungsnetze gesehen werden, die – wie die beiden anderen Kapitalsorten – eine räumlich-zeitliche Dimension haben. In der Kindheit sind dies Spiel- und Klassenkameraden, Freunde, beste(r) FreundIn, usw.

Im Erwachsenenalter werden unter anderem die LebenspartnerInnen zu wichtigen Bezugspersonen. Auch hier ist ein permanenter Wandel im Kapital bemerkbar. Einmal ist der/die FreundIn von zentraler Bedeutung, dann wieder ein/eine andere(r). Um Sozialkontakte halten zu können, müssen sie stets gepflegt werden. BOURDIEU (1983, S. 193) spricht in diesem Zusammenhang von einer »unaufhörlichen

Beziehungsarbeit«. Diese Beziehungsarbeit ist nicht nur für den privaten Bereich notwendig, gerade auch im Berufsleben werden so soziale Positionen er- oder verschlossen.

Zusammenfassend kann gesagt werden, dass die drei Kapitalsorten in Form von Lebensstilen in den sozialen Raum hineingelangen und dort weiterentwickelt, verändert werden oder verloren gehen. Der Lebensstil wiederum ist von sozialen Ungleichheiten geprägt. Dies spiegelt sich nicht nur im Sozialraum der Erwachsenen wider, sondern entwickelt sich gerade schon im kindlichen Sozialraum. Inwieweit an dieser Stelle schon geschlechtsspezifische Ungleichheiten auftreten, wird in den folgenden Kapiteln aufgegriffen.

In Anlehnung an BOURDIEUS Überlegungen zum Lebensstil hat RICHTER (1994) eine Möglichkeit der Analyse von Lebensstilen vorgeschlagen, die den sozialen Raum berücksichtigen. Denn mit dem Handlungsraum von Lebensstilen wäre Wandel im Lebensstil und Stilkonflikte theoretisch beschreibbar. Drei Komponenten sollten somit berücksichtigt werden:

- »Positionsraum von Lebensstilen: bestimmt durch ökonomisches, kulturelles und soziales Kapital, sowie die Struktur dieser Kapitale und deren Laufbahnentwicklung.
- Stilebenen: Intensitätsgrad von Lebensstilmerkmalen: attributiv – distinktiv, subtil distinktiv.
- Orientierungsdimensionen von Lebensstilen: bestimmt durch Handeln (aktiv vs. passiv) in Zeit (bewegen vs. bewahren) und Raum (außen vs. innen).« (RICHTER, 1994, S. 179)

### 2.2.2 Altersspezifische Sozialräume als Orte lebenslangen Lernens

An dieser Stelle soll von der These ausgegangen werden, dass sich Lernen immer an einem gewissen Ort, also in einem Raum abspielt. Es darf dabei nicht vergessen werden, dass sich gerade Lernen auch in der Zeit vollzieht. Wenn nun Raum und Zeit berücksichtigt werden sollten, dann muss eine Analyse des Raumes den gesamten Lebenslauf eines Individuums betrachten. KADE und SEITTER (1996) nennen in diesem Zusammenhang den Begriff des lebenslangen Lernens (zit. nach ECARIUS,

1997, S. 36). Ein Individuum bewegt sich im Laufe seines Lebens in verschiedenen physischen und sozialen Räumen. BOURDIEU (1991) zufolge besteht ein sozialer Raum wiederum aus verschiedenen Subräumen (wirtschaftlicher, intellektueller, künstlerischer, universitärer Subraum), die jedoch nicht weiter ausformuliert werden. An diesem Punkt setzt nun ECARIUS (1997) an und versucht das Raumkonzept von BOURDIEU zu präzisieren.

Der soziale Raumbegriff soll auf Altersgruppen ausgedehnt werden. So ergeben sich altersspezifische Sozialräume: den kindlichen, jugendlichen, postadoleszenten, erwachsenen und den alten Sozialraum (ebd., S. 37).

In Anlehnung an LÄPPLE (1991) präzisiert ECARIUS den sozialen Raum folgendermaßen: »Jeder Raum weist eine materiell-physische Komponente, ein institutionalisiertes sowie normatives Regulationssystem, Regeln sozialer Interaktions- und Handlungsmuster und ein räumliches Zeichen-, Symbol- und Repräsentationssystem auf« (ECARIUS, 1997, S. 37). Es gibt in jedem altersspezifischen Raum andere Lernangebote, die zur Aneignung bereit stehen (ebd.). HERLYN (1990, S. 10) hält dazu fest:

> »Die menschliche Umwelt zeigt einerseits eine große Verschiedenartigkeit und eine konkrete materielle Umwelt erlaubt andererseits in der Regel eine große Variationsbreite des menschlichen Verhaltens. Wie der Selbstfestlegungsprozess und der Umweltgestaltungsprozess immer kultur- und gesellschaftsspezifisch ausgeprägt sind, so ist auch das Verhalten in – bzw. gegenüber – der gebauten Umwelt von dem Verhältnis der Individuen zur räumlichen Umwelt, ist der Raum als Handlungsort von dem Raum als Orientierungsort zu unterscheiden.«

Individuen befinden sich – schon aufgrund ihrer Leiblichkeit – immer in einem Raum und sind somit den räumlichen Gesetzen unterworfen. Durch die eigene Sozialisationsgeschichte und Erziehung öffnen oder verschließen sich Räume für die Einzelnen.

Durch die fortschreitende Individualisierung unserer Gesellschaft, ist das Subjekt immer stärker auf sich selbst gestellt. Die Sozialräume sind dadurch offener geworden. Kinder können Teil des Erwachsenenraums sein, umgekehrt können Erwachsene zeitweise den kindlichen Raum betreten. Räume ändern sich ständig.

Es sind neue Räume entstanden[7] und alte verschwunden. Bevor die einzelnen altersspezifischen Sozialräume beschrieben werden, ECARIUS (1997, S. 40) zusammenfassend:

> »Die altersspezifischen Räume sind als Räume zu betrachten, die Optionen bereitstellen, die aber nicht eine Aufnahme dieser oder jener Option erzwingen. Sie enthalten unterschiedliche Ressourcen, gesetzliche Bestimmungen, Ideologien und Kampfparolen. Jeder Raum verfügt über eine eigene soziale Ordnung mit Herrschaftsstrukturen, institutionellen und normativen Legitimationsstrategien, Wissensformen bzw. einer sozialräumlichen Semiotik, physisch-materiellen Ressourcen, auch wenn er in Bezug zum erwachsenen Sozialraum steht.«

### *a) Der erwachsene Sozialraum*

Im Sozialraum der Erwachsenen finden sich institutionelle Einrichtungen (Schulen, Kindergärten, Hochschulen, sonstige Ausbildungsstätten), die – wenn auch autonom verwaltet – von Erwachsenen kontrolliert werden. HERLYN (1990) spricht in diesem Zusammenhang gar von einer »Raumsouveränität« von Erwachsenen. Sie können selbst darüber entscheiden, in welchen Räumen sie sich aufhalten möchten oder in welchen Raum sie wechseln möchten. Sie haben prinzipiell die Möglichkeit schlechten Raumverhältnissen aus dem Weg zu gehen.

Die ökonomischen, sozialen und kulturellen Verhältnisse dürfen hierbei nicht vergessen werden (vgl. dazu BOURDIEU, 1991). So ist es prinzipiell möglich, schlechten Wohnverhältnissen zu entkommen, den Lebens- und Wohnraum zu wechseln, soweit genügend ökonomisches Kapital vorhanden ist. In der gesellschaftlichen Realität sieht dies sieht jedoch anders aus[8].

---

[7] An dieser Stelle denke man zum Beispiel an die Räume, die durch die neuen Medien entstanden sind: virtuelle Welten, neue Kommunikationsräume, wie Chaträume, usw. Andererseits ist es auch möglich, dass gesellschaftliche Räume verschwinden, wie sie beispielsweise durch den Fall des Eisernen Vorhangs verschwunden sind. Auch durch Marken haben sich Räume verändert. Dieser ›Markenraum‹ befindet sich nicht an einer bestimmten Stelle. Räumliche Eigenheiten verschwinden. IBM - beispielsweise - »bietet Lösungen überall«.

[8] Ich meine dabei die sogenannte westliche Gesellschaft. Hier können andere Gesellschaftssysteme nicht einbezogen werden. Im indischen Kastensystem beispielsweise herrscht eine andere gesellschaftliche Wirklichkeit.

### b) Der kindliche Sozialraum

Der kindliche Sozialraum ist eng an jenen der Erwachsenen gekoppelt. Die soziale Stellung der Kinder ergibt sich aus der sozialen Positionierung der Erwachsenen in ihrem sozialen Lebensumfeld. Andererseits ist das Kind nicht nur an die Vorgaben der Eltern gebunden, sondern wird seine räumliche Erfahrungswelt erst erkunden[9]. Wie Kinder ihre räumliche Lebenswelt erkunden, sie erfahren und sie sich aneignen, wird an einer späteren Stelle noch Berücksichtigung finden. Es finden sich zwei gegensätzliche Anschauungen dazu: die des einheitlichen Lebensraums (PFEIL, 1955) und des verinselten Lebensraums (ZEIHER, 1983). Dem Konzept des einheitlichen Lebensraumes nach, halten sich Kinder die ersten Jahre in ihrem Zuhause und ihrem engsten Wohnumfeld auf. Erst mit dem Schuleintritt vergrößert sich die kindliche Lebenswelt und wird kontinuierlich in Form von konzentrischen Kreisen, erweitert (LÖW, 1997, S. 16; sowie BAACKE, 1993). In den letzten Jahren lässt sich jedoch ein Trend zur Verinselung des Lebensraumes feststellen. Kinder (und Jugendliche) bewegen sich von einem Zentrum aus (das eigene Zuhause) zu anderen »Inseln«, wie Schule, Freizeiteinrichtungen, Horte, Einkaufszentren, usw. Erwachsene agieren in kindlichen Sozialräumen als »Raumwärter« (BÖHNISCH/MÜNCHMEIER, 1990). Es gibt jedoch immer mehr Bestrebungen die selbstgewählte Aneignung und Nutzung von sozialen Räumen durch Kinder zuzulassen. Zum Beispiel die Umgestaltung und Planung von Park- und Spielplatzanlagen, gerade auch im Hinblick auf die mädchengerechte Umsetzung[10]. Auch der Straßenraum gewinnt zunehmend an Bedeutung. Dieser öffentliche Ort wird von Erwachsenen und Kindern gleichermaßen benutzt. ZINNECKER (1979, S. 730) zufolge ist er ein »privilegierter Lernort zu gesellschaftlichem Anschauungsunterricht«. Der Straßenraum wird von Mädchen weniger genutzt als von Jungen. Dies hängt nicht nur mit den Gefahren und der Angst vor diesem (öffentlichen) Ort zusammen, sondern ebenso mit dessen männlicher Besetzung. Strategien gegen das Verschwinden von Kindern – besonders von Mädchen – in öffentlichen Räumen wurden von StadtplanerInnen und PädagogInnen formuliert. Ebenso gibt es einige Konzepte für das Zurückgewinnen von öffentlichen Räumen.

---

[12] Hierzu gibt es einige Veröffentlichungen, die im Folgenden auch Berücksichtigung finden werden (NISSEN, 1998; ZEIHER, 1983; MUCHOW/MUCHOW, 1935; u.v.a.)

[10] z.B. Mädchenballplatz in Berlin-Kreuzberg.

### *c) Der jugendliche Sozialraum*

Der jugendliche und auch der postadoleszente Sozialraum ist – ECARIUS (1997, S. 41) zufolge – ein Raum der Bildung. In diesem altersspezifischen Raum geht es um Aus-, Weiter- und Umbildung, um erste Berufserfahrungen, mögliche erste Arbeitslosigkeit, usw. In diesem Sozialraum eignet sich die/der Jugendliche kulturelles Kapital, also Bildung, an, was für ihre/seine berufliche Laufbahn bestimmend sein wird. Der jugendliche Sozialraum ist jedoch auch ein Raum des Ausprobierens, des sich Treffens oder der Orientierung. Jugendliche verlassen in dieser Phase ihres Lebens den familiären Bereich, der ihnen Schutz und Beständigkeit gegeben hat. Nun kommt es auf die Jugendlichen selbst an. Sie erweitern ihre Lebenswelt, halten sich für eine bestimmte Zeit hier und dort auf und wechseln ihre Treffpunkte auch wieder.

In dieser Studie wird der Sozialraum von jugendlichen Graffiti – Writern näher beleuchtet. Hier sind nicht nur die jugendlichen Treffpunkte wichtig, sondern gerade der Raum zwischen ihnen wird von Writern wahrgenommen und mit einer Bedeutung (einem ›Piece‹, ›Bombing‹ oder einem ›Tag‹[11]) versetzt. In den Sozialwissenschaften hat sich gezeigt, dass die räumliche Orientierung und Erfahrung von Jugendlichen nur sehr schwer untersucht werden kann (HERLYN, 1990, S. 19f). Der Grund liegt – laut HERLYN (ebd.) – darin, dass Jugendliche noch keine konkreten Orte in ihrem Leben haben.

### *d) Der alte Sozialraum*

Der Sozialraum der ›Alten‹ ist dem angeeigneten ökonomischen und sozialen Kapital zuzuordnen. Es ist zwar auch ein Raum der staatlichen Unterstützung (vgl. ECARIUS, 1997, S. 43), jedoch spielen private Rentenvorsorge einerseits, sowie sozial eingebettete Lebensumstände andererseits eine wesentliche Rolle. Die Pädagogik beschäftigt sich hier nicht nur mit der Theorie und Praxis der Altenhilfe, sondern auch mit Fragen der Generationen.

Zusammenfassend kann gesagt werden, dass alle altersspezifischen Sozialräume mit verschiedenen Lernprozessen verbunden sind. BOURDIEU spricht in diesem

---

[11] Die Begriffe werden im siebten Kapitel erläutert.

Zusammenhang von Inkorporierung, was bedeutet, »dass mit der Aneignung und dem Erlernen von sozialen und kulturellen Wissensbeständen einschließlich ihrer Symbolik, die sich im körperlichen Habitus zeigen, zugleich auch die Denk- Wahrnehmungs- und Handlungsmuster strukturiert werden« (ECARIUS, 1997, S. 37). Jeder Mensch, egal welchen Alters, hat eine bestimmte Stellung im sozialen Raum. BOURDIEU (1991) zufolge, erlangt ein Individuum diese, durch die Aneignung von ökonomischem, kulturellem und sozialem Kapital. Gerade im Hinblick auf das soziale Kapital wird noch zu zeigen sein, dass dieses bereits im kindlichen Sozialraum geschlechtsspezifisch unterschiedlich verteilt ist (vgl. dazu auch NISSEN, 1998).

## 2.3 Das gesellschaftliche Raumkonzept

Dieter LÄPPLE entwickelt in seinem »Essay über den Raum« (1991a) ein Konzept gesellschaftlicher Räume, das eine Weiterentwicklung des Konzepts des »gesellschaftlich produzierten Raumes« von Henri LEFEBRE dargestellt. Dies entstand vor folgendem Hintergrund: Es gibt zwei Grundauffassungen von Raum: a) das »Landschaftskonzept der Geographie« und b) das Konzept des »chorischen Raumes« (ebd.). SCHMALS (ebd.) bezeichnet den Landschaftsraum als »nachhaltigen Raum«, der Wohn- und Lebensraum beinhaltet. Der »chorische Raum« hingegen wird als »dimensional-euklidischen« Raum bezeichnet, der die Lageeigenschaften verschiedener Dinge beschreibt. Nur dieses eine (Raum-) Ordnungsschema zu berücksichtigen, entspräche – LÄPPLE zufolge – einer »relativen Raumblindheit« oder einer »banalen Raumauffassung« (1974, zit. nach SCHMALS, 2000, S. 265). LÄPPLE unternimmt dabei den Versuch gesellschaftliche Räume von physikalischen Räumen zu trennen. Der gesellschaftliche Raum zeigt sich »in der Form seiner materiell-physischen Raumstruktur, die sich darstellen läßt durch das erdräumliche Beziehungsgefüge der Lagen und Standorte seiner körperlichen Objekte (also den menschlichen Artefakten, einschließlich der gesellschaftlich angeeigneten und kulturell überformten Natur, sowie der Menschen in ihrer körperlichen Leiblichkeit)« (LÄPPLE, 1991a, S. 195). LÄPPLE bezieht sich dabei auf den Raumbegriff Einsteins, der im Raum nur die

Lagen und Standorte von Objekten sieht. Vielmehr müsse aber auch die soziale Dimension des Raumes Berücksichtigung finden. Gesellschaftlicher Raum ist weitaus mehr als eine Art »Behälter«, der leer und gleichförmig ist (ebd., S. 194). Es muss alles mit einbeziehen, was das materiell-physische Substrat des Raumes »formt« und »gestaltet« (ebd., S. 195). Er entwickelt daraus ein neues Raumkonzept, welches er »Matrix-Raum«[12] nennt. Auf diesem erweiterten Raumbegriff aufbauend, sieht LÄPPLE (ebd., S. 196f) vier miteinander kommunizierende Ebenen des gesellschaftlichen Raumes:

a) das materiell-physische Substrat gesellschaftlicher Verhältnisse

b) die gesellschaftlichen Interaktions- und Handlungsstrukturen bzw. die gesellschaftliche Praxis der Menschen

c) ein institutionalisiertes und normatives Regulationssystem

d) ein räumliches Zeichen-, Symbol- und Repräsentationssystem

Die einzelnen Ebenen sind folgendermaßen zu beschreiben:

a) Das materiell-physische Substrat gesellschaftlicher Verhältnisse ist die materielle Erscheinungsform des gesellschaftlichen Raumes. Dieses Substrat beinhaltet gesellschaftlich produzierte Dinge (Geräusche, Ordnungsmuster, Temperaturen, Stoffe oder Oberflächen; vgl. BRECKNER/STURM, 1997, S. 218), den menschlichen Körper und die Biosphären-Totalität, Kontinente, Ozeane, Landschaftszonen, Gewässer und Luftschicht (vgl. TJADEN, 1990, zit. nach ebd.). Hier geht es also um eine »gebaute Umwelt« (SCHMALS, 2000, S. 265).

b) In den gesellschaftlichen Interaktions- und Handlungsstrukturen sind Menschen soziale AkteurInnen. Hier wird der Frage nach der Nutzung, der Produktion, sowie der Aneignung gesellschaftlicher Räume nachgegangen. Eine große Rolle spielen dabei soziale, kulturelle, ökonomische und politische Aspekte menschlicher Raumgestaltung, welche Klassen- und Machtverhältnisse widerspiegeln.

---

[12] LÄPPLE knüpft hier an den Begriff der »Raummatrix« von POULANTZAS (1978) an, der damit die Raumstrukturen, die aus den jeweiligen historischen gesellschaftlichen Verhältnissen entstehen, meint.

c) Im institutionalisierten und normativen Regulationssystem sieht LÄPPLE die Vermittlungsebene zwischen dem materiellen Substrat des gesellschaftlichen Raumes und der gesellschaftlichen Praxis der Raumproduktion. Dieses Regulationssystem besteht aus »Eigentumsformen, Macht- und Kontrollbeziehungen, rechtlichen Regelungen, Planungsrichtlinien und Planungsfestlegungen, sozialen und ästhetischen Normen, etc.« (ebd., S. 197). Um diese Vermittlungswege verstehen zu können, muss frau/man sich mit den jeweiligen Formen des Regulationssystems auseinandersetzen, d.h. frau/man muss die sozialen Normen einer Gesellschaft kennen. Gesellschaftliche Institutionen entwickeln Normen in Form von Gesetzen, welche mit bestimmten Mitteln durchgesetzt sowie kontrolliert werden. BRECKNER und STURM (1997, S. 219) nennen dazu folgende Beispiele: Sitzgelegenheiten, auf denen nicht geschlafen werden kann, Bannmeilen um öffentliche Gebäude, Schilder, die An- bzw. Abwesenheit bestimmter Personengruppen im Raum oder die Einrichtung schulischer bzw. universitärer Lehrräume.

d) Auf der vierten Ebene nennt LÄPPLE ein räumliches Zeichen-, Symbol- und Repräsentationssystem, welches mit dem materiellen Substrat verbunden ist. Nutzung, Aneignung und Produktion von Raum sind in ihrer Gestaltung auch Symbol- und Zeichenträger, welche dem Menschen eine Erkennungs- und Identifikationsmöglichkeit bieten. Dabei ist das räumliche Verhalten der Menschen vorstrukturiert.

Wenn nun Raum gesellschaftlich verstanden werden will, müssen alle vier Ebenen berücksichtigt und auch ihre Wirkung zueinander beachtet werden. LÄPPLE erklärt gesellschaftliche Räume also aus dem gesellschaftlichen Herstellungs-, Verwendungs- und Aneignungszusammenhang des materiellen Substrats. Gesellschaftliche Räume sind deshalb immer ein Resultat von verschiedenen übereinandergelagerten Prozessen (vgl. dazu auch BRECKNER/STURM, 1997, S. 220).

Wie entwickelt sich nun ein gesellschaftlicher Raum? Er wird durch die materielle Aneignung der Natur gesellschaftlich produziert. Menschen leben nun darin, nutzen ihn und reproduzieren ihn. Dadurch erhält er erst seinen gesellschaftlichen Charakter. So erklärt sich LÄPPLE den »Matrix-Raum«, den er als »ein sich selbst gestaltender und strukturierender Raum« bezeichnet (LÄPPLE, 1991a, S. 197).

Um die vier oben genannten Komponenten in Raumanalysen verwenden zu können, schlagen BRECKNER und STURM (1997) folgende vier Schritte vor:

1. Im ersten Schritt der Analyse der gesellschaftlichen Räume geht es um die Operationalisierung von Gegenständen. Weiter sollen alle vier Raumfacetten erörtert und in ihrer Wirkung zueinander verstanden werden.
2. Räume sind permanenten geschichtlichen Veränderungen unterworfen. Ihre kulturelle, materielle und soziale Gestalt ist deshalb immer als so entstandenes Ganzes zu sehen. Sie gilt es zu rekonstruieren.
3. In der weiteren Vorgehensweise müssen mikro-, meso- und makroräumliche Entwicklungsprozesse beachtet werden, um dann in einem vierten Schritt die aktuellen Prozesse in einem gesellschaftlichen Raum erfassen zu können.

LÄPPLE (1991a, S. 197f) unterscheidet hier Mikro-, Meso- und Makro-Räume. Im Mikro-Raum stehen Menschen mit ihrer räumlichen Leiblichkeit. Sie lernen gesellschaftliche Normen und Zeichen kennen und dessen Umgang damit. Im Meso-Raum bilden sich bereits »komplexe Verflechtungsstrukturen« heraus. Es ist im wesentlichen der Raum der regionalen Arbeits- und Lebenszusammenhänge. Mit dem Makro-Raum meint LÄPPLE die nationalstaatlich verfasste Gesellschaft und das »kapitalistische Weltsystem« (durch eine hierarchische Arbeitsteilung geprägt), welche Teil der nationalen, städtischen und regionalen Räume sind.

Um LÄPPLES gesellschaftlichem Raumkonzept folgen zu können, müssen die vier Ebenen des gesellschaftlichen Raumes ebenso beachtet werden, wie die vier Schritte der analytischen Raumbetrachtung. SCHMALS (2000, S. 271) resümiert:

> »In diesem Matrixraum, in diesem – aus offenen und geschlossenen Teilräumen, Interesse und Desinteresse, Nähe und Distanz, Anerkennung und Ausgrenzung, aus Macht und Ohnmacht, kommerzialisierten und alternativen Symbolen – gesellschaftlich produzierten Raum, entstehen von Gruppe zu Gruppe andere Raumbilder, Zeitregime, Interaktionsnetze und Verregelungsstrukturen: einmal eher passiv zurückhaltende, zum zweiten eher aggressive, gewaltbereite, provozierende Raumbilder oder zum dritten – über Mode, Musik, Drogen, Technik, Sport und Körperkultur vermittelt – auch aktiv gestaltete Raum- und Körperkonzepte (wie die Arena der Skater, die Stadtlandschaften der Sprayer, das Händlernetz der Hehler und Dealer oder die Spielfelder der Volley-, Street- und Beachballer).«

LÄPPLES Konzept des gesellschaftlichen Raumes ist jedoch in den Sozialwissenschaften nicht allgemein akzeptiert. NISSEN (1998) bemerkt kritisch dazu: »Raum hat (in den Sozialwissenschaften, Anmerkung N.M.) allenfalls den Status einer Umweltbedingung im Sinne eines äußeren Anpassungszwangs und kann theoretisch – so exemplarisch bei Parsons und Berger/Luckmann [...] – vernachlässigt werden« (S. 130). KONAU (1977, vgl. auch LÄPPLE, 1991a und 1991b; DANGSCHAT, 1996) unterscheidet ebenfalls zwischen Mikro-, Meso- und Makroraum. Die Verschiedenheit der drei Unterteilungen wird von den klassischen Ansätzen ignoriert, wo von einem Meso-Raum ausgegangen wird. Neuere soziologische (Raum-) Theorien jedoch sehen in jedem ›Ort‹ die räumliche Wirkung der drei Ebenen. Soziales Handeln ist immer raumbezogen. In diesem Zusammenhang kann auf ein Raumkonstrukt hingedeutet werden, welches den Mikro-, Meso- und Makro-Raum unterschiedlich »verortet« (DANGSCHAT, 1996, S. 104).

### 2.3.1 Mikro-, Meso- und Makrosystem

***a) Mikro-Ebene von Raum***

Im Mikro-Raum wird das Individuum mit seinem Körper erfasst. Es lernt gesellschaftliche Normen und Zeichen kennen und dessen Umgang damit. Menschen machen hier ihre ersten Raumerfahrungen. Ebenso wird frau/man mit bestimmten Auswirkungen von Raum auf Einstellungen, Befindlichkeiten, Wahrnehmungen oder Bewertungen konfrontiert (KONAU, 1977, S. 120ff). Auf dieser Ebene befindet sich auch das raumbezogene Handeln. Räume werden in einem Sozialisationsprozess erfahren und auch angeeignet. DANGSCHAT (1996, S. 106) vertritt die These, dass Raumerfahrung in Abhängigkeit der Orte des Erlebens soziale Ungleichheiten widerspiegeln und umgekehrt. Räume werden unterschiedlich wahrgenommen und angeeignet.

DANGSCHAT (ebd.) weist in diesem Zusammenhang auf Entwicklungsstörungen bei Kindern hin, die unter stark begrenzten räumlichen Bedingungen aufwachsen. Es ist wichtig, dass der Mensch im räumlichen Besitz von Rückzugsmöglichkeiten ist. Überbelegte Wohnungen im Kindes- wie auch im Erwachsenenalter führen zu einem

Gefühl des Beengtseins. Menschen brauchen ihr ›Territorium‹ – Orte an denen sie entscheiden, wer eintreten darf und wer nicht. Orte, welche sie nach ihren Wünschen und Bedürfnissen gestalten und leben können. Dies setzt jedoch voraus, dass genügend Räume zur Verfügung stehen. BÖHNISCH und MÜNCHMEIER (1990, S. 24) sprechen in diesem Zusammenhang von einer »Spannung zwischen der institutionellen Verstelltheit und der Suche nach eigener sozialer Territorialität«.

Besonders in der Freizeit von Jugendlichen ist diese Spannung gut sichtbar. Sie bewegen sich oft ziellos im Raum. Diese Orientierungslosigkeit wird somit räumlich sichtbar. Hier kann die (Sozial-) Pädagogik ansetzen: Sie kann bei der Schaffung oder dem ›zur Verfügung stellen‹ von Räumen helfen. Dieser Ansatz wird später noch einmal aufgegriffen.

### *b) Meso-Ebene von Raum*

Im ›Meso-Raum‹ befinden sich die gesellschaftlichen Zusammenhänge einer Stadt, wie beispielsweise der Raum der regionalen Arbeits- und Lebenszusammenhänge. LÄPPLE (1991a, S.198) weist dabei auf die »äußerst komplexen Verflechtungszusammenhänge« hin, welche sich überlagern können. Wie bereits erwähnt, schenken viele klassische AutorInnen alleine räumlichen Fragen der Meso-Ebene ihre Aufmerksamkeit. Die »Gleichzeitigkeit der drei Raumhorizonte« (KONAU, 1977, S. 219) darf jedoch nicht ignoriert werden.

Die drei ›Raumhorizonte‹ stehen zueinander in einer Beziehung und sind ineinander verflochten. In der Analyse von Raumbildern muss dies berücksichtigt werden. Die Meso-Ebene übernimmt dabei eine besondere Rolle: Sie ist ein zentraler Schnitt- und Knotenpunkt der verschiedenen Raumebenen und kann somit als ›Vermittlungsebene‹ bezeichnet werden. Auf dieser Ebene zeigen sich wiederum Merkmale sozialer Ungleichheiten. DANGSCHAT (1996, S. 108) resümiert:

> »Erst eine ungleiche Strukturierung der Orte und eine symmetrische, ungleich soziale Bewertung der einzelnen Orte schafft die Voraussetzung für sozialräumliche Ungleichheiten, insbesondere dann, wenn die räumlichen Muster der Ungleichheit bekannt sind und einheitlich bewertet werden. Individuen, Haushalte und soziale Institutionen wählen entsprechend ihrer Durchsetzungskraft und ihrem Bedürfnis der Darstellung ihrer sozialen Position – unter dem Vorbehalt einschränkender Regulationen (durch Instrumente der Raum- und Stadtplanung) – den ihnen die meisten Vorteile versprechenden Ort.«

DANGSCHAT spricht hier von der Wahl des eigenen Lebensraumes. Kann in diesem Zusammenhang von Freiwilligkeit gesprochen werden? Können Individuen selbst ihre soziale Position auswählen? Dieser Aspekt erscheint mir zentral in der Frage nach räumlichen sozialen Ungleichheiten.

### *c) Makro-Ebene von Raum*

Hier werden – wie der Name der Ebene schon verrät – größere Territorien, wie Nationalstaaten, Kontinente oder die Welt als Ganzes analysiert. Gerade im Hinblick auf die zunehmende Diskussion zur Globalisierung gewinnt diese Ebene der Raumbetrachtung immer mehr an Bedeutung. Durch die Globalisierung kam (und kommt) es nicht nur zu einer Veränderung von Wirtschaftsräumen, sondern alle Bereiche der Gesellschaft sind dadurch betroffen. Bezugnehmend auf Raumstrukturen nennt LÖW (2001, S. 104) Entwicklungen innerhalb der Globalisierung: die elektronische Vernetzung, die schwindende Bedeutung nationalstaatlicher Organisationsformen und die Machtmonopole weniger ›Global Cities‹[13].

## 2.4 DIE KONSTITUTION VON RAUM

Eine neue raumsoziologische Arbeit stellt jene von Martina LÖW (2001) dar. Für sie ist »Raum eine relationale (An)Ordnung sozialer Güter und Menschen (Lebewesen) an Orten« (ebd., S. 224). Ihre Arbeit stellt den Versuch dar, die bestehenden Raumbetrachtungen zusammenzuführen und darauf aufbauend eine eigene Theorie des Raumes zu begründen.

---

[13] Eine genauere Darstellung der Globalisierungsdebatte würde im Rahmen dieser Arbeit zu weit führen. RAMONET (2002) weist darauf hin, dass durch die Geschehnisse des 11. September 2001 die Welt nicht nur von globalen Wirtschaftsbestrebungen, sowie globalen Mediensystemen, sondern nun zusätzlich von einer militärischen Globalisierung betroffen ist. Er spricht in diesem Zusammenhang von der (amerikanischen) Mission »die neoliberale Globalisierung in aller Form mit einem eigenen Sicherheitsapparat zu flankieren.«

LÖW wendet sich gegen absolutistische Raumvorstellungen, da diese Raum als nichts anderes als einen ›starren Behälter‹ sehen. Raum kann nicht ›leblos‹ sein, da der menschliche Körper selbst mit ihm verbunden ist. Außerdem schließt diese Verknüpfung bereits auf menschliches Handeln, was heißt, dass eine Aktivität nicht mehr bestritten werden kann. Weiters hat jeder Raum eine bestimmte (An)Ordnung. »Raum ist nie nur eine Substanz und nie nur die Beziehung, sondern aus der (An)Ordnung, das heißt aus der Plazierung in Relation zu anderen Plazierungen, entsteht Raum« (ebd.). Dieses Plazieren beinhaltet das Bauen, Errichten, das Plazieren sozialer Güter oder Lebewesen. In diesem Zusammenhang spricht LÖW von »Spacing«. Im Handlungsprozess wirkt jedoch noch eine andere »Kraft« mit: die Syntheseleistung. Räume werden durch sie produziert, Räume entstehen nicht natürlich. Vielmehr werden durch sie »Vorstellungs-, Wahrnehmungs- und Erinnerungsprozesse« (ebd., S. 225) aktiviert, die soziale Güter und Lebewesen zu Räumen verbinden. Das heißt also, dass Raum aus der (An)Ordnung, dem Plazieren und der Synthese von sozialen Gütern und Lebewesen entsteht. Jedoch verbirgt sich dahinter nicht etwas Neues, sondern er ist schon von vornherein vorbestimmt durch gesellschaftliche Raumvorstellungen, institutionalisierte Räume, sowie durch den klassen-, geschlechts- und kulturspezifischen Habitus. LÖW knüpft hier also an BOURDIEUS Theorie sozialer Räume an (vgl. Kap. 2.2). Die Entstehung von Räumen ist somit abhängig von den »Prinzipien der Klassengesellschaft und der hierarchisch organisierten Zweigeschlechtlichkeit« (ebd. 227). Es gibt neben dem Klassenhabitus auch einen Geschlechtshabitus. Aus diesem Zusammenhang heraus ergibt sich für mich die These, dass sich durch diese Vorstrukturierung neu entstehende Räume in weibliche und männliche Räume aufteilen. Gerade im kindlichen Spiel wird dies ersichtlich. Mädchen und Jungen schaffen sich selbst ihre eigenen (geschlechtsspezifischen) Spielräume. Kommt es zum gemeinsamen Spiel wird doch meist ersichtlich, dass es sich entweder um ein Mädchen- oder ein Jungenspiel handelt. In vielen Untersuchungen wurde bestätigt, dass sich Mädchen in einem kleineren Aktionsradius bewegen als Jungen (FLADE/KUSTOR, 1996; NISSEN, 1990; ZINNECKER, 1979; u.a.). Dabei gehen die AutorInnen von einem absoluten Raumbegriff aus und fordern einen erweiterten Raum für Mädchen. LÖW betont in diesem Zusammenhang, dass hier der »geschlechtsspezifische Konstitutionsprozess von Räumen« ignoriert wird. Dabei ist nicht der Raum an sich das Entscheidende, sondern der geschlechtsspezifische Aspekt soll schon bei der

Raumbetrachtung zum Ausdruck kommen. An dieser Stelle zeigt sich auch mein zentrales Anliegen: Es soll nicht von einem absoluten Raumbegriff ausgegangen werden, in dem Raum als etwas Gegebenes gesehen wird. Vielmehr soll auf den Charakter von Raumkonstitutionen hingewiesen werden, der durch das Geschlecht bestimmt ist. Das Ergebnis, dass Mädchen einen kleineren Aktionsradius haben als Jungen, wird hier nicht in Frage gestellt. Mädchen sollen jedoch nicht nur als bloße Opfer ihrer Umwelt angesehen werden. Sie eignen sich ihre eigenen Räume genauso an.

LÖW unterstreicht in diesem Zusammenhang, dass Mädchen über andere »Raumkompetenzen« verfügen als Jungen (ebd., S. 253). Jungen lernen sie durch materielle Güter, während Mädchen sie durch Menschen lernen. Somit »erscheint nicht länger das Handeln der Jungen raumkompetenter als das der Mädchen, sondern die Geschlechter eignen sich unterschiedliche Aspekte der Konstitution an« (ebd.). Räume konstituieren sich, wie oben bereits formuliert, durch das Zusammenwirken des ›Spacings‹ (Plazieren) und der ›Syntheseleistung‹ (die Verknüpfung von materiellen Gütern und Menschen). Das heißt – besonders im Hinblick auf die vorliegende Studie –, dass Räume geschlechtsspezifisch vorstrukturiert sind und als solche produziert und reproduziert werden.

Aus dem Zusammenwirken von Plazierungen materieller Güter, Menschen und der Syntheseleistung heraus erklärt sich, dass sich Handeln strukturell vollzieht. Für LÖW sind Strukturen Regeln und Ressourcen, die auch ohne räumliche und zeitliche Gebundenheit gültig sind. Räumliche Strukturen sind in Institutionen eingelagert, festgeschrieben und Teil von gesellschaftlichen Strukturen. Durch sie kommen Handlungen zustande, werden aber zugleich auch eingeschränkt. Menschen (re)produzieren aber nicht nur bestehende Strukturen, sie schaffen sich auch neue. Diese »gegenkulturellen« (ebd.) Bestrebungen können Veränderungen in der Gesellschaft herbeiführen. Hiermit werden Handlungsoptionen der Gesellschaftsmitglieder ermöglicht. Dies gilt bei LÖW jedoch nicht für geschlechtsspezifische Strukturen. Sie sieht sie als Habitus in das Individuum festgeschrieben (ebd.).

Zusammenfassend kann gesagt werden, dass LÖWS Überlegungen einen neuen Ansatz innerhalb raumtheoretischer Konzeptionen einnehmen, dass Raum nicht ausschließlich ›Ort‹ meint, sondern zwischen Ort und Raum differenziert wird.

Gerade bei Raumaneignungstheorien (beispielsweise DEINET, 1990) werden Raum und Ort gleichgesetzt. DEINET (1990) erkennt zwar die Wechselwirkung von Raum und Handeln dahingehend, dass Räume erst dann sozial interessant werden, wenn sie durch Handeln entstanden sind. Dennoch bleiben sie fixierte Orte (vgl. KESSL, 2001). LÖW (2001) betont an dieser Stelle jedoch den prozesshaften Charakter von Räumen. Orte sind bei ihr Territorien und Plätze. Raum hingegen ist eine »relationale (An)Ordnung von Lebewesen und sozialen Güter an Orten« (ebd., S. 271).

Gerade im Hinblick auf die Erziehungswissenschaften und die Sozialpädagogik eignet sich ein erweiterter Raumbegriff, der:

1. »die Heterogenität gesellschaftlicher Ordnungen sichtbar machen kann, d.h. die Vielfältigkeit sozialräumlicher Konstitution durch die Akteure berücksichtigt, denn an einem Ort überlagern sich häufig vielfältige Anordnungen von Lebewesen und sozialen Gütern;
2. die Relationalität der (An-)Ordnungen von Lebewesen und sozialen Gütern bedenkt, d.h. [...] die Abhängigkeit des Handlungsvollzugs von den Logiken der verschiedenen sozialräumlichen Feldern in den Blick nimmt;
3. die Institutionalisierungsmöglichkeit von Räumen als spezifische Orte beachtet, wenn (An-) Ordnungen über subjektives Handeln hinaus wirksam bleiben; [...] und
4. die Fixierung von Ungleichheitsverteilungen wahrnimmt, d.h. beispielsweise den unterschiedlichen Tauschwert sozialen Kapitals in Abhängigkeit von spezifischen Gebieten.« (KESSL, 2001, S. 46f)

## 2.5 Raum als System

Gabriele GEIGER (1997) unternimmt in ihrem Aufsatz »Postmoderne Raumorganisation. Bildungsästhetische Herausforderung der Dritten Art« den Versuch, eine Theorie des Raumes zu entwickeln. Sie versteht Raum als System und unterstreicht dabei dessen mehrdimensionalen Charakter. Zunächst sollen jedoch zwei ihrer Überlegungen in den Vordergrund gerückt werden: Raumbildung und Bildungsraum.

### *a) Raumbildung*

Menschen können Raum nur über ihre Körper erfahren. Eine Orientierung im ›leeren Raum‹ ist somit nicht möglich, da sich Menschen immer an (Bau-) Körpern orientieren und nicht an den Räumen an sich (GEIGER, 1997, S. 66). Dabei misst GEIGER der Entwicklung von Orientierungsfähigkeit eine besondere Bedeutung zu, welche sich stufenförmig vollzieht. Zunächst sieht sie soziale Räume als Nahräume (Innenräume), die mit den Begriffen ›Wahrnehmen‹ und ›Lernen‹ verbunden sind. Besonders ein Leben und Aufwachsen in der Stadt verlangt schnell nach neuen Bezugspunkten, denn ein Lernen und Wahrnehmen von umliegenden Orten wird bald zu wenig. Die Stadt erfordert von seinen BewohnerInnen neue Kompetenzen. GEIGER fasst dies unter dem Begriff der ›Hyposemie‹ zusammen. Ein Kind orientiert sich also zunächst am Innenraum und nimmt durch Reize aus der Außenwelt den Außenraum wahr, der steten Veränderungen unterliegt, was das Zurechtfinden besonders in Großstädten erschwert. Heranwachsende brauchen Orientierungspunkte in ihrer Entwicklung. BÖHNISCH und MÜNCHMEIER (1990) sprechen in diesem Zusammenhang von einer Vergesellschaftung des Raumes. Gerade gesellschaftliche Institutionen, Hierarchien, Infrastrukturen oder soziale Rollengefüge dienen als Orientierungshilfen, die jedoch immer wieder durch ihre Auflösung oder ihren Zusammenbruch gekennzeichnet sind. In einer ›postmodernen‹ Gesellschaft müssen soziale Räume stets wiederaufgebaut und neu gestaltet werden. Vom Individuum wird immer stärker Eigeninitiative gefordert. Das widerspricht dem Entwicklungstrend der Institutionalisierung der Kindheit und Jugendzeit, wo vor allem Kinder in räumlich abgegrenzten Welten heranwachsen und somit stark an ›ihre‹ Institutionen gebunden sind[14].

### *b) Bildungsraum*

Als Bildungsräume sind nicht nur Sozialisationsstätten, wie Schule, Kindergarten, etc., zu verstehen, sondern es kann jeder Raum in unserer Gesellschaft als Ort der Bildung betrachtet werden. »Für unsere Gegenwart scheint es mir daher sinnvoll, unter ›Bildungsraum‹ den jeweiligen konkreten Ort zu verstehen, der Entwicklung, Veränderung, Erkenntnisgewinn des Individuums befördert« (ebd., S. 75).

---

[14] Mehr dazu in einem der folgenden Kapitel.

Auch hier sieht GEIGER die Stadt als einen geeigneteren Lernort, da die sozialen Räume »wandlungsfähiger« wären. Die Stadt fordere mehr »Flexibilität und Adaptabilität« von ihren BewohnerInnen, was sich einerseits auf die Wahrnehmung der Räume und andererseits auf die Gestaltung der Räume auswirkt. LÖW (1997) hält im Gegensatz zu GEIGER etwas allgemeiner dazu fest:

> »Ich spreche demzufolge dann von Bildung, wenn das Erlernen von Raumkonzepten, [...] mit einer reflexiven Auseinandersetzung der Heranwachsenden einhergeht. [...] Fehlt der reflexive Aspekt, spreche ich von Lernen. Das sich ständig verändernde und immer wieder zu aktualisierende – insofern immer nur vorläufige – Ergebnis von Bildung ist die reflexive Aneignung gesellschaftlicher Strukturen, deren Veränderung oder die Entwicklung gegenkultureller Muster.« (ebd., S. 17)

GEIGER definiert ›Raum‹ in Anlehnung an Walter L. BRÜHL als »schlechtdefiniertes System«. Raum ist u.a. charakterisiert durch:

- seine AkteurInnen: jeder Raum wird durch seine BenutzerInnen wahrgenommen und auch verändert.
- seine Bewegung: Räume sind wandelbar und verändern sich stets.
- seine Geschichte: ein jeder Raum besitzt seine Vergangenheit.
- seine Offenheit: Räume sind offene Systeme.
- seine Gliederung: Räume sind hierarchisch gegliedert (ebd., S. 73f).

Zusammenfassend kann gesagt werden, dass Raum im GEIGERschen Ansatz als eine Funktion menschlicher Aktivität (ebd., S. 74) gesehen werden kann. Der sozialgeographische Raum ist also nicht bloßer Ort oder Platz, sondern es wird das Zusammenwirken von Mensch und Raum hervorgehoben.

## 2.6 »ANDERE RÄUME«

Auch Michel FOUCAULT beschäftigte sich – wenn auch nicht in seinen Hauptwerken – mit dem Raum. Seine Ausführungen dazu finden sich in einer 1967 gehaltenen Vorlesung »Des Espaces Autres« (»Andere Räume«) und in einigen Interviews.

Im Folgenden werden die Überlegung FOUCAULTS (besonders 1991) näher betrachtet. Dabei wird in Anlehnung an HÖRSTER (1997) der Versuch unternommen, das Beschriebene auf die Pädagogik anzuwenden.

FOUCAULT geht in »Des Espaces Autres« der Geschichte des Raumes nach. Im Mittelalter wäre der Raum »ein hierarchisiertes Ensemble von Orten« (ebd., 1991, S. 66) gewesen. Er bezeichnet ihn als »Ortungsraum«. Durch Galilei wurde der Ortungsraum wieder geöffnet: Die Welt war nicht mehr »nur verortet«, sondern erschien nun als »unendlich offener Raum«. In der heutigen Gesellschaft wird der Raum durch »Lagerung und Plazierung« ersetzt. Für FOUCAULT ist dies der »Raum des Außen«, denn hier entstehen gesellschaftlich produzierte und soziale Räume.

> »Der Raum, in dem wir leben, durch den wir aus uns herausgezogen werden, in dem sich die Erosion unseres Lebens, unserer Zeit und unserer Geschichte abspielt, dieser Raum [...] ist selber auch ein heterogener Raum. Anders gesagt: wir leben nicht in einer Leere, innerhalb derer man Individuen und Dinge einfach situieren kann. Wir leben nicht innerhalb einer Leere, die nachträglich mit bunten Farben eingefärbt wird. Wir leben innerhalb einer Gemengelage von Beziehungen, die Plazierungen definieren, die nicht aufeinander zurückführen und nicht miteinander zu vereinen sind.« (ebd. S. 67)

Grundsätzlich unterscheidet FOUCAULT zwischen zwei Typen von Räumen: Utopien, als Plazierungen ohne einen konkreten Ort und »wirkliche Orte«, Plazierungen, die tatsächlich verortet werden können. Es kommt daher auf den »Raum des Außen« an, denn hier befinden sich die »wirklichen Orte«.

Der »Raum des Innen« hingegen wäre nur die »erste Wahrnehmung« (ebd.), der »von Phantasmen bevölkert« (ebd.) ist. Neben diesen »wirklichen Orten« gibt es sogenannte »Heterotopien«, Orte die zwar existieren (Gegenteil wäre demnach die Utopie) und auch verortet sind, jedoch »andere« Orte sind. Dies sind für

FOUCAULT beispielsweise Friedhöfe, Museen, Ferienheime, Gefängnisse, etc. Heterotopien sind charakterisiert durch sechs Grundsätze:

1. In jeder menschlichen Kultur auf der Welt sind Heterotopien vorhanden. Krisenheterotopien waren vor allem in den sogenannten Urgesellschaften zu finden. Es handelt sich dabei um Individuen, »welche sich im Verhältnis zur Gesellschaft und inmitten ihrer menschlichen Umwelt in einem Krisenzustand befinden: die Heranwachsenden, die menstruierenden Frauen, die Frauen im Wochenbett, die Alten usw. (ebd., S. 69)«. Heute sind es vor allem »Abweichungsheterotopien«, wo sich Individuen der Norm entgegengesetzt verhalten. Psychische Kliniken, Gefängnisse, Drogenentzugsstationen, etc. können als Beispiele hierfür genannt werden.
2. Jede Heterotopie hat eine bestimmte gesellschaftliche Funktion inne.
3. Eine Heterotopie kann mehrere Räume oder Plazierungen beinhalten. Ein Kino beispielsweise kann mehrere Orte in einem Raum zusammenfassen.
4. Heterotopien sind mit einer bestimmten Zeitspanne verknüpft, die sehr lange sein kann (Bibliotheken) oder sehr kurz (Feste).
5. Heterotopien sind ein System von Öffnungen und Schließungen.

Heterotopien haben eine bestimmte Funktion für ihren unmittelbaren Raum mit dem sie verbunden sind. Das Bordell wird hier als Beispiel genannt.

FOUCAULT zufolge befinden wir uns in einer »Epoche des Raumes« (ders., zit. nach SOYA, 1991). »Ich glaube also, dass die heutige Unruhe grundlegend den Raum betrifft – jedenfalls viel mehr als die Zeit. Die Zeit erscheint wohl nur als eine der möglichen Verteilungen zwischen den Elementen des Raums« (ders., 1991, S. 67). Er richtet sich also gegen die Vorstellung, dass Zeit etwas »Reiches und Fruchtbares« wäre, während Raum als etwas »Totes, Fixiertes, Unbewegliches« gesehen wird (vgl. SOYA, 1991).

Wie lassen sich nun die Ausführungen FOUCAULTS auf die Pädagogik anwenden? HÖRSTER (1997) zitiert dazu MOLLENHAUER: »Die Grundformel für das, was heute pädagogische Repräsentation sein kann, wäre also, dass wir den Kindern sagen: ›Ceci n'est pas le monde‹. Nur ein Abbild, nur eine Spiegelung« (MOLLENHAUER, 1983, S. 77, zit. nach ebd., S. 119). Das heißt, dass die Heranwachsenden erkennen lernen, dass sie die pädagogische Repräsentation

›durchschauen‹ können. Ich schließe daraus, dass die pädagogische Repräsentation im Sinne FOUCAULTS als Heterotopie bezeichnet werden kann. Denn eine pädagogische Heterotopie hat eine bestimmte Funktion inne, kann mehrere Orte in einem Raum verorten, öffnet und schließt sich, hat eine Zeitspanne, usw. HÖRSTER (1997) nennt das Beispiel eines Bauspielplatzes (ebd., S. 107ff). In Anlehnung an FOUCAULT sind Bau- und Abenteuerspielplätze Heterotopien par excellence. PädagogInnen versuchen Dinge an diesen Geländen so anzulegen, dass sie von den Kindern ganz alleine gefunden werden können. Das setzt voraus, dass sich die Kinder überhaupt auf den Weg machen und den Spielplatz besuchen, was wiederum damit zusammenhängt, dass sie sich – dort angekommen – an bestimmte Regeln, wie Öffnungszeiten, Spielplatzverordnungen, Veranstaltungstermine, etc., halten müssen. Spontane Aktionen sind in einem solchen Rahmen nicht mehr möglich. Doch ist es möglich Bau- und Abenteuerspielplätze mit Hilfe von Heterotopien zu analysieren. FOUCAULTS Ausführungen über Räume (speziell über »Andere Räume«) können somit auch in den Erziehungswissenschaften angewendet werden. Dazu eignen sich besonders Heterotopien als Analyseinstrument – wie im Fall von HÖRSTER – von Bauspielplätzen.

## 2.7 Zusammenfassende Betrachtung

Abschließend ist es sinnvoll die vorgestellten Raumtheorien zusammenfassend zu betrachten: BOURDIEU (1985) sieht die Welt als sozialen Raum. Jede Akteurin und jeder Akteur nimmt eine bestimmte soziale Position innerhalb dieses Raumes ein, die durch die drei Kapitalsorten bestimmt sind: ökonomisches, kulturelles und soziales Kapital bestimmen die soziale Laufbahn eines Menschen (vgl. ECARIUS, 1997). Im wissenschaftlichen Diskurs werden BOURDIEUS Ausführungen als Möglichkeit verwendet, Räume theoretisch zu beschreiben. Besonders sein Habituskonzept eignet sich, um den sozialen Prozesscharakter von Raum zu betonen. So eröffnet sich für die Erziehungswissenschaften ein neues Forschungsfeld: ›Lernen‹ ist nicht nur ein lebenslanger Prozess, sondern er ist auch verortet. Um altersspezifische Lernräume in seiner Tiefenstruktur erfassen zu können, eignet sich das Konzept des »Matrix-Raumes« von Dieter LÄPPLE (1991a). Raum wird hier durch die materielle

Aneignung der Natur gesellschaftlich produziert. So können beispielsweise jugendliche Orte in ihrer Bedeutung für die Pädagogik analysiert werden. Bei LÖW (2001) ist »Raum eine relationale (An)Ordnung sozialer Güter und Menschen (Lebewesen) an Orten« (ebd., S. 224). Sie betont dabei die Wechselwirkung von sozialem Handeln und Räumen. Gerade bei der Betrachtung von geschlechtsspezifischen Unterschieden in der Nutzung und Aneignung von Räumen ist ihre Konstitution von Räumen hilfreich, da Räume als vorstrukturiert angesehen werden. Den mehrdimensionalen Charakter von Räumen unterstreicht Gabriele GEIGER (1997). Sie versteht Raum als System. Dabei betont sie die menschliche Aktivität, die der Entstehung von Räumen zugrunde liegt. Bildungsräume sind bei ihr nicht nur Erziehungs- und Sozialisationsinstitutionen, sondern jeder Ort kann als Ort der Bildung betrachtet werden. Auch FOUCAULTS Überlegungen zum Raum können für Analysen von Bildungsräumen verwendet werden. HÖRSTER (1997) untersucht einen Bauspielplatz als pädagogische »Heterotopie«. Raum ist FOUCAULT zufolge nichts »leeres«, vielmehr »leben wir innerhalb einer Gemengelage von Beziehungen, die Plazierungen definieren... « (ders., 1991, S. 67). Die vorliegende Studie verfolgt keine der angeführten Raumvorstellungen. Vielmehr schlage ich eine Zusammenfassung, ein Nebeneinander der obigen Theorien vor. Jede für sich hat Vorzüge in einer pädagogischen Raumbetrachtung. Wie Räume überhaupt entstehen, wird durch LÄPPLES Konzept gesellschaftlicher Räume ersichtlich. Mit BOURDIEUS Ansatz lassen sich ungleichheitstheoretische Strukturen in Räumen erkennen. Dass Räume auch geschlechtsspezifisch vorstrukturiert sind, betont LÖW. So ergänzt eine Theorie die andere und ergibt eine komplexe Art der Raumbetrachtung. In den Erziehungswissenschaften geht es nicht um den Raum an sich, meist steht die Aneignung, die Nutzung oder der Veränderungsprozess im Vordergrund des Forschungsinteresses. So lässt sich auch erklären, dass nur sehr wenige Veröffentlichungen zum räumlichen Verhalten von Kindern und Jugendlichen konkrete Raumtheorien ihren Untersuchungsergebnissen voranstellen[15] (vgl. hierzu auch NISSEN, 1998, S. 171f).

[15] Ausnahmen stellen die Arbeiten von MUCHOW (1935), BERG-LAASE u.a. (1985), HARMS u.a. (1985), ZEIHER/ZEIHER (1994) dar, die teilweise im Folgenden vorgestellt werden. ZEIHER und ZEIHER (1994, S. 46) beispielsweise definieren Raum so: »Raum wird hier also relational verstanden, als bloße Lageverhältnisse der ›Dinge‹ untereinander unter Außerachtlassung ihrer speziellen inhaltlichen Bestimmung«.

# 3 Raumaneignung und Raumerfahrung von Kindern und Jugendlichen

Kinder und Jugendliche verbringen einen großen Teil ihrer Freizeit ›draußen‹. Sie legen jeden Tag einen bestimmten Weg zur Schule zurück, sie spielen auf Spielplätzen, erkunden ihre unmittelbare Wohnumgebung, entdecken Baustellen, Brachland und bewegen sich mit öffentlichen und privaten Verkehrsmitteln fort. Gerade im Hinblick auf die Stadt, werden Kinder und Jugendliche immer wieder als ›VerliererInnen‹ ihrer Verhältnisse gesehen.

BERG-LAASE u.a. (1985) weisen in ihrer Studie »Verkehr und Wohnumfeld« darauf hin, dass Kinder und Jugendliche nicht bloße Opfer ihrer Wohnumgebung sind, sondern zugleich handelnde Subjekte, die sich ihre (städtische) Umwelt[16] erschließen. Unter dem Begriff der ›Aneignung‹ sind nicht nur Prozesse zu verstehen, in denen Heranwachsende ihre Umwelt in Besitz nehmen oder sie für sie erschließen. Gerade im Gegenteil: Aneignung beinhaltet das Verändern, Umfunktionieren, Umgestalten und das Umdeuten der Umwelt, die Kinder und Jugendliche umgibt, aber ebenso auch die Zerstörung von Dingen in der Umwelt. In diesem Zusammenhang soll schon auf Graffiti, als verändernde Jugendkultur hingewiesen werden. Graffiti zerstört bestehende Stadtbilder, lässt aber durch diesen (Aneignungs-) Prozess Neues entstehen. Durch diesen Prozess der Aneignung erleben und handeln die Jugendlichen im städtischen Raum, erhalten dadurch eine soziale Position, doch möchte ich hier darauf hinweisen, dass es eine hohe Diskrepanz zwischen dem ›Sich-Raum-Nehmen‹ und dem ›Raum-Zugestanden-Bekommen‹ gibt.

Raumaneignung ist also mehr als nur ›in Besitz nehmen‹ von Raum und Umwelt. Darauf weisen viele AutorInnen in ihren Sozialraumanalysen hin (unter anderem KRUSE/GRAUMANN, 1978; CHOMBART DE LAUWE, 1977; NISSEN, 1998; BERG-LAASE u.a.; 1985; u.v.a.), welche als Ausgangspunkt die kulturhistorische Schule der sowjetischen Psychologie (die mit dem Namen LEONTJEW verbunden

[16] Sämtliche Ausführungen zur Raumaneignung beziehen sich vorwiegend auf den städtischen Lebensraum.

ist) und den sozialökologischen Ansatz (BRONFENBRENNER und erweiternd dazu BAACKE) nehmen. Bei KRUSE und GRAUMANN (1978, S. 185) bedeutet Raumaneignung:

> »Aneignung des Raumes heißt also [...]: Sich den physikalischen (aber auch: sozialen, geistigen) Raum handelnd so zu erschließen, dass Orientierung, also Handlungsentwurf und -realisation, in ihm möglich ist, wobei die Erschlossenheit des Raumes oder einzelner seiner Bereiche oder Merkmale als Horizont individuellen Lernens historisch kumuliert und gesellschaftlich vermittelt ist. Aneignung des Raumes heißt dann aber: Nicht die Räume und die in ihnen angetroffenen Objekte werden ›angeeignet‹, wie Sachen, die man lediglich in Besitz nimmt, um sie zu besitzen, sondern Haltungen und Verhaltensweisen ihnen gegenüber, Raum- und Dingverhältnisse. In jeder Aneignung von Wirklichkeit verwirklicht sich immer auch eine Potentialität des betreffenden Subjekts. Art und Ausmaß der Aneignung werden also davon abhängen, ob jemand eine entsprechende Potentialität ins Spiel mitbringt.«

Aus dem Prozess der Aneignung ergibt sich ein weiterer wichtiger Aspekt: In (öffentlichen) Räumen treffen Menschen auf andere Individuen. Daraus entwickelt sich die Fähigkeit zu sozialem Handeln, aber auch die eigene Identität. In Bezug auf Kinder und Jugendliche ist dies besonders bedeutsam, denn Kinder und jüngere Jugendliche beginnen irgendwann soziale Kontakte zu Gleichaltrigen aufzubauen und sich Stück für Stück von der Familie loszulösen (vgl. NISSEN, 1998).

KRUSE und GRAUMANN (1978, S. 185) gehen hier noch einen Schritt weiter: Ein großer Teil der Menschheitsgeschichte ließe sich geglückter oder misslungener Raumaneignung zuschreiben. Sie nennen dazu u.a. folgende Raumaneignungsmodalitäten:

***a) Die anthropologisch-historische Perspektive***

- Aneignung durch Definieren von Räumen als geeignet oder ungeeignet und das Festlegen von Zeichen, Wörtern, Normen, Regeln, Gesetzen
- Aneignung durch Bewegung im Raum; gehen, fahren, reisen, fliegen; Aneignung von Land, Wasser, Luft
- Aneignung durch Ausbeutung von Natur

- Aneignung durch Eroberung und Unterwerfung anderer Menschen und Völker
- Aneignung durch Kommunikation und künstlerisches Schaffen

***b) die psychologische Perspektive der Aneignung***

- Aneignung durch Erforschung des Raumes durch die Sinne (sehen, hören,..)
- Aneignung durch Personalisierung von Räumen
- Aneignung durch Inbesitznahme

Im Folgenden soll der Aneignungsbegriff näher erläutert werden. Es kann jedoch nicht von einem Aneignungskonzept gesprochen werden. In Anlehnung an BERG-LAASE u.a. (1985) wird grob unter drei Aneignungskonzepten unterschieden:

- Handlungsbezug: Kinder und Jugendliche erschließen sich Umwelt als aktiv handelnde Subjekte. LEONTJEW beschreibt ein derartiges Aneignungskonzept.
- Subjektbezug: Die Aneignung städtischer Umwelt ist ein individueller Vorgang, der Umdeutungen, Brüche und Widersprüche mit einschließt. Von dieser Annahme geht Martha MUCHOW in ihrer Untersuchung: »Der Lebensraum des Großstadtkindes« aus.
- Gesellschaftsbezug: Die Aneignung von Raum ist ein sozialer Prozess, in dem sich gesellschaftliche Tatbestände materialisieren. Dieses gesellschaftsbezogene Aneignungskonzept wird von Paul-Henry CHOMBART DE LAUWE (1977) vertreten.

## 3.1 DAS HANDLUNGSBEZOGENE ANEIGNUNGSKONZEPT

Die ersten psychologischen Arbeiten zur Aneignung gehen auf die kulturhistorische Schule der sowjetischen Psychologie zurück. A.N. LEONTJEW, ein Vertreter der materialistischen sowjetischen Psychologie, entwickelte aufbauend auf Karl MARX (1969) Ausführungen zum Prozess der Aneignung, eine Aneignungstheorie, in der

der Prozess der Vergegenständlichung im Vordergrund steht. HOLZKAMP (1978) bezieht sich in seiner Kritischen Psychologie auf die sowjetische Schule und stellt den Begriff der ›Gegenstandsbedeutung‹ in den Mittelpunkt seiner Arbeit, die sich nun konkreter mit dem Aneignungsbegriff beschäftigt. Das Zusammenwirken der gegenständlich-sachlichen Umwelt mit den gesellschaftlichen Erfahrungen in Form von sachlichen und personalen Gegenstandsbedeutungen haben viele AutorInnen als theoretischen Ausgangspunkt, wenn auch in abgeänderter oder erweiterter Form, für ihre Analyse des kindlichen und jugendlichen Sozialraums verwendet (z.B. BERG-LAASE u.a., 1985; DEINET, 1990 u. 1999; GLÖCKLER, 1988; NISSEN, 1998). Im Folgenden wird die Aneignungstheorie von LEONTJEW (1971) vorgestellt und im Späteren durch die Überlegungen HOLZKAMPS (1978) erweitert.

### 3.1.1 Der Aneignungsbegriff nach LEONTJEW und HOLZKAMP

LEONTJEW[17] entwickelte in den 50er Jahren (1954) die Hypothese von der Systemstruktur der psychischen Funktionen (Fähigkeiten) von Menschen (LEONTJEW, 1971, S. 381). Dabei unterscheidet er im Wesentlichen zwischen biologischer und gesellschaftlich-historischer Erfahrung. Menschliche Fähigkeiten und Erfahrungen werden nicht durch soziale Gesetze weitergegeben oder vererbt, sondern sie festigen sich in einer »äußeren Form« (ebd. S. 230). Diese äußere Form ist nun entscheidend in der materialistischen Aneignungstheorie von LEONTJEW. Sie hat einen produktiven Charakter, was Menschen unter anderem vom Tier unterscheidet. LEONTJEW spricht in diesem Zusammenhang von der (menschlichen) Arbeit und zitiert MARX: »Was auf seiten des Arbeiters in der Form der Unruhe erschien, erscheint nun als ruhende Eigenschaft, in der Form des Seins, seiten des Produkts« (MARX, 1962, zit. nach ebd.). Die Arbeit wandelt sich von der Tätigkeit in eine Form des Seins um[18]. An dieser Stelle taucht der Begriff der »Vergegenständlichung« auf. Individuen und Gegenstände sind durch den Prozess

[17] Die folgenden Ausführungen basieren auf dem Kapitel »Wie sich der Mensch gesellschaftlich-historische Erfahrungen aneignet« (LEONTJEW, 1971, S. 230ff).
[18] RUBINSTEIN, ein weiterer Vertreter der sowjetischen Psychologie, behauptet in diesem Zusammenhang, dass die Psychologie nicht das Psychische und die Tätigkeit untersuche, sondern das Psychische in der Tätigkeit (LEONTJEW, 1971, S. 223).

der Vergegenständlichung, als Ergebnis produktiver Arbeit, miteinander verbunden. In der Aneignungstheorie von LEONTJEW hat demnach der Gegenstand eine große Bedeutung, der Begriff der »Gegenstandbedeutung« ist zentral. »Die Geschichte der geistigen und materiellen Kultur erschließt sich dann als ein Prozess, der in äußerer, materialisierter Form die Entwicklungsgeschichte menschlicher Fähigkeiten ausdrückt« (ebd.). Das heißt also, dass auch die einfachsten produzierten Dinge aus vergegenständlichten menschlichen Fähigkeiten geschaffen wurden. Für Kinder und Jugendliche wiederum bedeutet das, dass sie jeden kleinsten Gegenstand für sich erst erschließen müssen. Dies ist eine praktische und kognitive Tätigkeit, die jedes Kind machen muss.

Dass es dabei zu Problemen kommen kann, sieht LEONTJEW in seinen Ausführungen, geht aber nicht genauer darauf ein. Diese Tätigkeit unterscheidet Menschen unter anderem von Tieren. Das Tier passt sich den Tätigkeiten der Umwelt an, eignet sich diese aber nicht an (zit. nach ebd., S. 231). Die Umwelt, die die Menschen umgibt, wurde von ihnen geschaffen und verändert. Entscheidend ist hierbei die Beziehung der Menschen zu ihrer Umwelt. Diese hängt zum einen von der Beziehung zu den Gegenständen ab und zum anderen davon, wie diese Beziehungen gebildet worden sind. Menschen werden also von der Umwelt am meisten bestimmt.

Die menschliche Entwicklung ist das Produkt der tätigen Auseinandersetzung mit der Umwelt, der Prozess der dahintersteht ist der der Aneignung. Das Individuum reproduziert bei der Aneignung die gesellschaftlich-historisch geschaffenen Fähigkeiten.

Anders bei der Anpassung, hier verändern sich die Eigenschaften und das Verhalten der Menschen. Weiter unterscheidet LEONTJEW zwischen zwei Ebenen (vgl. dazu DEINET, 1999) in seiner Theorie des Aneignungsprozesses: Das Individuum eignet sich zuerst die vergegenständlichten Fähigkeiten und Tätigkeiten, Werkzeuge für die Produktion oder Begriffe etc. an, um sie dann auf die innere Ebene umwandeln zu können.

Die vergegenständlichte Umwelt wird schon von Kleinkindern durch die Beziehungen zu ihren Mitmenschen erschlossen. In den ersten Entwicklungsphasen des Kleinkindes kommt das Kind nicht durch das gesprochene Wort in Kontakt zu seiner vergegenständlichten Umwelt, sondern durch einen Gegenstand. Eltern geben

Kindern das Spielzeug, nach dem sie greifen, füttern das Kind mit dem Löffel usw. GLÖCKLER (1988, S. 43, vergleichend dazu BERNSTEIN, 1947, S. 120) beschreibt letzteres Beispiel folgendermaßen:

> »Ein Kind führt einen Löffel an den Mund und achtet nicht darauf, daß es ihn waagerecht halten muss. Es nimmt also die Gegenstandsbedeutung des Löffels als Werkzeug nicht wahr. Durch das Eingreifen des Erwachsenen gestalten sich die Handbewegungen des Kindes beim Gebrauch des Löffels langsam um. Sie ordnen sich der sich aus der Gegenstandsbedeutung des Löffels ergebenden Logik unter. Somit vollzieht das Kind eine kognitive und praktische Tätigkeit, die ihm die sachliche Gegenstandsbedeutung des Löffels erschließt. Das lernende Kind und der unterstützende Erwachsene sind hierbei gemeinsam den sachlichen Notwendigkeiten der im Löffel vergegenständlichten allgemeinen Zwecksetzungen unterworfen. Durch diese Notwendigkeit sind sie in ihren Beiträgen koordiniert.«

Die Beziehungen des Kindes zu der vergegenständlichten Welt vollzieht sich also durch die Handlungen der Erwachsenen. Dadurch tritt das Kind jedoch auch in Kontakt mit seinen Mitmenschen. Ein Kind, das beispielsweise seinen Bauklotz auf den Boden wirft, sucht den Kontakt zum Mitmenschen, der es wieder aufhebt und ihm wiedergibt. Gerade dem kindlichen Spiel teilt LEONTJEW eine wichtige Bedeutung zu, er sieht »das Spiel als eine spezifische Aneignungstätigkeit... , als ein Bereich, in dem Widerspruch zwischen den realen Möglichkeiten des Kindes und den gesellschaftlichen Erfordernissen überwunden werden kann« (zit. nach DEINET, 1999, S. 29). Das Spiel ist eine »menschliche, gegenständliche Tätigkeit; sie gibt dem Kind die Grundlage, die objektive Umwelt, die den Inhalt seines Spiels bestimmt, bewusst zu erfassen« (LEONTJEW, 1971, S. 308). Er untermauert seine Theorie mit dem Beispiel, dass Kinder in einer gewissen Entwicklungsstufe (etwa vor dem Vorschulalter), alles »selber machen« wollen. Das Kind will die menschlichen Gegenstände selbst erfassen, sich diese durch ihre Weise aneignen, es will selbst handeln. Das Spiel ist demnach ein wichtiges Tätigkeitsfeld, in der kindlichen Aneignung.

Zusammenfassend kann also gesagt werden, dass sich die gesellschaftliche Welt dem Kind durch seine menschliche Tätigkeit öffnet (LEONTJEW, 1971, S. 234f). Der Aneignungsprozess wäre das wichtigste Entwicklungsprinzip der Menschen. Es ist die tätige Auseinandersetzung mit der menschlichen Umwelt, in der sich Menschen die vergegenständlichte Kultur aneignen. Der Aneignungsprozess reproduziert die gesellschaftlich-historischen Fähigkeiten und Eigenschaften in die Fähigkeiten und Eigenschaften des Individuums. Erst werden die gesellschaftlich gebildeten Formen und Arten der Tätigkeiten angeeignet, bevor sie in innere geistige Vorgänge umgewandelt werden können (vgl. DEINET, 1999, S. 29, zit. nach KEILER, 1983, S. 93). So wird auch der Unterschied zu den klassischen entwicklungspsychologischen Ansätzen, wie jener von Jean PIAGET, ersichtlich: LEONTJEWS Ansatz sieht die Entwicklung der Menschen nicht als innerpsychischen Prozess, sondern die Entwicklung vollzieht sich in der tätigen Auseinandersetzung der Menschen mit ihrer Umwelt (vgl. ebd.).

Auch HOLZKAMP geht in seinem Aneignungskonzept davon aus, dass sich Menschen und Tiere durch die menschliche Gesellschaftlichkeit unterscheiden. Ausgangspunkt seiner Analyse ist dabei die gesellschaftliche Arbeit. Der Übergang von Tier-Mensch ist nicht der Gebrauch von Werkzeugen, sondern die Herstellung von Werkzeugen für eine künftige Verwendung (vgl. GLÖCKLER, 1988, S. 37). HOLZKAMP unterscheidet zwischen sachlicher und personaler Gegenstandsbedeutung. Zur Ersten meint er:

> »In den Bedeutungen der Werkzeuge als Gebrauchs-Vergegenständlichungen spiegelt sich vielmehr die Auseinandersetzung des Menschen mit der Natur zur gesellschaftlichen Lebenserhaltung unter bestimmten Bedingungen auf einer bestimmten Entwicklungsstufe. [...] Der Aufbau einer Wahrnehmungsfunktion, durch welche die adäquate sinnliche Erkenntnis von Gegenstandsbedeutungen als Voraussetzung für angemessenen gesellschaftlichen Werkzeuggebrauch geleistet werden kann, ist also elementares Erfordernis der individuellen Aneignung gesellschaftlicher Erfahrung.« (HOLZKAMP, 1978, S. 120f)

Die personale Gegenstandsbedeutung ergibt sich aus der Kooperation der Menschen durch die gesellschaftlich-menschliche Arbeit. Durch menschliche Fähigkeiten und Fertigkeiten entstehen Tätigkeitsbedeutungen, die als Bedeutungsmomente in den Arbeitsprozess einfließen (ebd., S. 144). Aneignungsprozesse sind bei HOLZKAMP wahrnehmbare Gegenstandsbedeutungen, denn im Aneignungsprozess wird die individuelle Seite der Vergegenständlichung menschlicher Fertigkeiten und Fähigkeiten sichtbar (ebd., S. 119, vgl. dazu auch NISSEN, 1998, S. 45).

Die Entwicklung der menschlichen Psyche ist als Aneignungsprozess zu verstehen. Fähigkeiten und Fertigkeiten, die Menschen besitzen, werden nicht vererbt, sondern durch aktive Tätigkeit mit der Umwelt angeeignet. Das Aneignungskonzept von

LEONTJEW und (besonders) HOLZKAMP blieb jedoch nicht ohne Kritik. OTTOMEYER (1980, S. 177, zit. nach BERG-LASSE u.a., 1985, S. 83f und NISSEN, 1998, S. 47) dazu:

> »Kritisiert werden muss an HOLZKAMPS Konzept der Gegenstandsbedeutungen und der gegenständlichen Tätigkeit vor allem die Tendenz, dem Aufforderungscharakter der Gegenstände eine zwingende Sachlogik zu unterschieben, die unabhängig von den Prozessen symbolischer Kommunikation, Interpretation, Einigung und Situationsdefinition zwischen den kooperierenden und interagierenden Individuen betrachtet wird.«

Dennoch wird die Aneignungstheorie von HOLZKAMP von vielen AutorInnen (siehe oben) als theoretische Grundlage verwendet. NISSEN (1998, S. 50) zufolge kommt HOLZKAMPS Ansatz »dem Problem der Analyse der Schnittstelle von Individuum und Umwelt näher als dies das Bronfenbrennersche Modell[19] oder das Modell des produktiven realitätsverarbeitenden Subjekts können.« Ich folge aber eher DEINETS (1990, S. 58) Vorschlag, der den obigen Ansatz ebenfalls für seine Analyse kindlicher und jugendlicher Sozialräume heranzieht, ihn jedoch erweitert:

> »Gegenstandsbedeutung und Raumbezug haben [...] gerade in der Altersstufe der Kinder und jüngeren Jugendlichen direkten Verweisungscharakter. Weil Räume, vor allem städtische Räume, nicht naturbelassen, sondern ganz und gar vom Menschen bearbeitet, gestaltet, verändert und strukturiert sind, müssen sich die Kinder und Jugendlichen diese Räume und die Bedeutungen, die in ihnen enthalten sind, genauso aneignen wie die Gegenstände und Werkzeuge in der unmittelbaren Umgebung des Kleinkindes.«

Folgende These kann daraus abgeleitet werden: Aneignungsprozesse finden in Räumen statt. Diese ›Lücke‹ in LEONTJEWS Ansatz muss nun mit Hilfe der sozialökologischen Theorie gefüllt werden. So soll in einem ersten Schritt der Lebensraum von Kindern und Jugendlichen näher beleuchtet werden, um dann spezifische Aneignungsprozesse »beobachtbar zu machen« (ebd.).

---

[19] Der Ansatz BRONFENBRENNERS wird im Folgenden näher betrachtet.

## 3.2 Das subjektbezogene Aneignungskonzept

Martha MUCHOW[20] (1935), Autorin der Studie »Der Lebensraum des Großstadtkindes«, entwickelte einen theoretischen Ansatz zur (Lebens-) Raumaneignung von Kindern, der noch heute große Beachtung in Sozialraumanalysen findet (vgl. BERG-LAASE u.a., 1985; DEINET, 1990 und 1999; FLADE 1993; NISSEN, 1998; u.v.a.). Selbst die Untersuchungsergebnisse besitzen stets Gültigkeit, wie dies LEDIG und NISSEN in ihrem Literaturbericht »Kinder und Wohnumfeld« (1987) festhalten. Hat sich somit die soziale Umwelt von Großstadtkinder seit den 30er Jahren nicht verändert, oder wie lässt sich dies erklären? Der städtische Raum, der um Kinder und Jugendliche zu finden ist, hat sich seit MUCHOWS Untersuchung stark verändert[21]. Die Liste der gesellschaftlichen Wandlungen wäre zu lang, hier können nur einige genannt werden: Zunahme von privaten und öffentlichen Verkehrsmitteln, Entstehung von speziellen Räumen für Kinder und Jugendliche, Entstehung von neuen Wohntypen, vor allem Hochhaussiedlungen, etc. (vgl. LEDIG/NISSEN, 1987; ZEIHER, 1993). Kinder und Jugendliche schaffen sich – trotz Institutionalisierung ihrer (Aufenthalts-) Räume – immer noch ihre Freiräume, wie sie MUCHOW schon 1933 beschrieben hat. Gerade im Hinblick auf die Funktion des Straßenraums werden ihre Untersuchungsergebnisse von vielen AutorInnen aufgenommen (ZINNECKER, 1979 fortlaufend, zuletzt 2001; u.a.). Zentrale Begriffe sind hierbei »Spielraum« und »Streifraum«.

MUCHOW führte die Studie in Barmbek durch, einem Stadtteil Hamburgs, der vorwiegend von Arbeitern bewohnt wird. Sie untersucht dabei nicht alleine das Milieu, welches das Kind umgibt, sondern will vielmehr die »personale Welt« des Kindes erfassen, die sich durch den subjektiven Prozess der Aneignung ergibt. Das

[20] Die Studie »Der Lebensraum des Großstadtkindes« wurde von Martha MUCHOW durchgeführt und verfasst. Als Herausgeber der Untersuchung fungierte ihr Bruder Hans Heinrich MUCHOW, der sie 1935 erstmals veröffentlichte. 1933, nach der Übernahme des Hamburger psychologischen Instituts durch nationalsozialistische Wissenschaftler, wählte sie den Freitod.

[21] Die Veränderungen der räumlichen Umwelt im Hinblick auf die Lebenswelt von Kindern und Jugendlichen, insbesondere nach dem Nationalsozialismus, hat ZEIHER (1983/1991, 1993) beschrieben.

Kind wird so nicht als Opfer seiner Umgebung gesehen, sondern als aktiv handelndes Subjekt, das sich seinen Lebensraum erschließt. Das Verhältnis Mensch/Umwelt sehen MUCHOW und MUCHOW (1980/1935, S. 7) folgendermaßen:

> »Indem man das Verhältnis Person/Welt grundsätzlich neu durchdachte, trat immer deutlicher heraus, dass in der Beziehung Kind/Großstadt nicht die Welt der Großstadt ›erst durch nachträgliche Konvergenz mit der Person (des Kindes) in Beziehung tritt‹, sondern dass es sich bei der vom Großstadtkinde ›gelebten‹ wie überhaupt bei jeglicher ›gelebten Welt‹ um ein eigentümliches, zwischen Person und Welt sich realisierendes Lebens handelt. Es war also nicht mehr zu untersuchen, wie eine so und so zu beschreibende Großstadtwelt die in ihr lebenden, so und so beschaffenen Kinder beeinflusste, sondern es war zu zeigen, wie das Kind seine Umgebung ›Großstadt‹ zu seiner Umwelt umschafft, und wie sich alsdann die vom Kinde ›gelebte Welt‹ Großstadt darstellt.«

MUCHOW gliedert ihre Arbeit in drei Teile: in den Lebensraum als »Raum, indem das Kind lebt«, den Lebensraum als »Raum, den das Kind erlebt« und in den Lebensraum als »Raum, den das Kind lebt«. Im ersten Teil geht sie methodisch folgendermaßen vor: Sie gibt Kindern Stadtpläne, in welche sie die Plätze, Straßen und Orte einzeichnen sollen (mit blauem Stift), an denen sie sich oft aufhalten. Einige Zeit später sollen sie die Orte einzeichnen (mit rotem Stift), an denen sie schon einmal waren, aber nicht so gut kennen. Das blau eingezeichnete Gebiet nennt MUCHOW den »Spielraum«, den roten »Streifraum«, zusammen ergeben sie den Lebensraum. Den Spielraum definiert sie als die Heimat des Kindes: »Die Heimat, in der es aufwächst, in der es seine ersten Erlebnisse und Erfahrungen sammelt, in der es seine grundlegende Bildung erfährt, in der es seelisch wurzelt, und von der es Zeit seines Lebens nie völlig loskommt« (MUCHOW/MUCHOW, 1935/1980, S. 15). Der Streifraum hingegen liegt kreisförmig um den Spielraum herum. Die Ausdehnung des Streifraums ist bei jedem Kind anders. Hier stellt MUCHOW bereits einen eklatanten Unterschied zwischen Mädchen und Jungen fest: Die Größe des Streifraums bei Mädchen ist nur halb so groß, als jener von Jungs, während der Spielraum etwa gleich groß ist. Der Streifraum ist – laut MUCHOW – die Eroberung unbekannten Geländes. Es bedarf zudem an eigener Initiative und Bereitschaft, sich den neuen Anforderungen und Aufgaben zu stellen. Den Grund hierfür sieht MUCHOW als »naturbedingt«. An dieser Stelle ist es wichtig festzuhalten, dass der kleinere Lebensstreifraum von Mädchen nicht von »Natur aus« so aussieht, sondern dass sich gerade hier schon Unterschiede in der Sozialisation und Erziehung zeigen. Zwar sieht MUCHOW auch den Grund, dass Mädchen öfter zu Hause helfen müssen als Jungen, jedoch schließt sie ihre Äußerungen darüber damit ab, dass Mädchen das »›Herumströmern‹ wesensmäßig nicht liegt« (ebd.). Die hier mangelnde Differenzierung zwischen biologisch/natürlich Angeborenem (›Wesenshaften‹) und Tradiertem/Sozialisiertem ist typisch für den Diskurs des beginnenden 20. Jahrhunderts.

Im zweiten Teil ihrer Studie geht MUCHOW der Frage nach, wie Kinder ihre Straßen, Plätze, etc. erleben. Besonders die eigene Straße der Kinder wird ein »zweites, gleichsam nach draußen verlegtes Zuhause« (ebd., S. 30). Die Straße nimmt somit eine zentrale Bedeutung in der Lebenswelt von Kindern ein.

> »Sei es nun ›seine Straße‹ die ihm ›Heimat‹ ist und in die es sich eingebettet weiß, oder seien es die Straßen der Nachbarschaft, in denen man seine Spiele treibt und seine Erlebnisse hat. Dabei fällt auf, wie in allen Spielangaben der Kinder und in ihren protokollierten Aussagen die Funktionsspiele, Tobe- und Ballspiele, durchaus im Vordergrund des Berichtens und also wohl des Erlebens stehen. Über die besondere Beschaffenheit ihres Lebensraumes oder einzelner seiner Teile sind sich die Kinder nicht im klaren.« (ebd., S. 38)

Im dritten Teil, dem »Raum, den das Kind lebt«, versucht MUCHOW herauszufinden, wie sich Kinder ihre »personale Welt« schaffen. Ein Untersuchungsort MUCHOWS war der Löschplatz[22], der Umschlagplatz für die Kanal-Schifffahrt. Der Löschplatz ist durch eine Böschung und ein Gitter ein relativ abgeschlossener Ort. Hier macht sich – laut MUCHOW – ein Unterschied zwischen der (Lebens-) Welt der Erwachsenen und der Welt des Kindes bemerkbar:

> »Für den erwachsenen Benutzer des Platzes und für den Vorübergehenden ist die Böschung eigentlich gar nicht vorhanden, für ihn sind Gehsteig, Treppen und Fahrbahn das Wesentliche [...] Das Kind jedoch, das sich diesem Platze nähert, schafft die Böschung, jenes ›straßenbautechnische Nebenprodukt‹, zu einem wesentlichen Bestandteil seiner Welt um.« (ebd., S. 50)

Das heißt also, dass Kinder ihre Welt in gewisser Weise »umleben« und »Straßenobjekte und Straßenräume auf diese Weise zweckentfremden« (ZINNECKER, 2001, S. 92). Der Löschplatz zeigt jedoch noch eine andere

[22] Ich wähle den Löschplatz als Beispiel für den dritten Teil von MUCHOWS Arbeit, da besonders hier geschlechtsspezifische Unterschiede zu sehen sind.

Besonderheit: Der Platz wurde vor allem von Jungen besucht. Grund dafür kann die abgelegene Lage (nämlich am Rande der ›Barmbeker Insel‹) des Platzes sein, was vor allem FLADE (1993, S. 25) betont: »Es war also nicht der Löschplatz als solcher, sondern der reduzierte Streifraum, der Mädchen daran gehindert hat, auf dem Löschplatz zu spielen«. Im Hinblick auf geschlechtsspezifische Unterschiede zeigt sich folgendes Ergebnis aus MUCHOWS Studie:

> »Der Lebensraum 14jähriger Jungen ist erheblich ausgedehnter als derjenige gleichaltriger Mädchen.
>
> - Jungen sind etwa doppelt so oft draußen wie Mädchen.
> - Mädchen sind stärker in Pflichten eingebunden. Sie verfügen nicht nur über weniger Freiraum, sondern auch über weniger Freizeit.« (ebd.)

Inwieweit diese Aussagen heute noch zutreffen, wird in einem der folgenden Kapitel erläutert.

Zusammenfassend kann also gesagt werden, dass das Kind die ersten räumlichen Erfahrungen und Orientierungen zu Hause, sowie in der eigenen Straße macht. Von dort breitet sich der Lebensraum des Kindes kreisförmig aus. Hier sind Unterschiede in Geschlecht, Alter oder Mobilität, etc. sichtbar. Die Orte des Spielens und des Erlebens werden umgedeutet, so kann ein Zaun aus der Sicht des Kindes, eine ganz andere Bedeutung gewinnen, als aus der Sicht des Erwachsenen. Der Lebensraum des Kindes ist nicht nur Spiel- und Aufenthaltsort, sondern auch ein Ort, an dem sich das Kind mit der Umwelt und der Gesellschaft auseinandersetzt und sich diese aneignet.

## 3.3 Das gesellschaftsbezogene Aneignungskonzept

Paul-Henry CHOMBART DE LAUWE (1977), ein französischer Sozialpsychologe, geht in seinem sozialpsychologischen Aneignungskonzept von einem sozialgeographischen Raum aus, der sowohl natürlicher, wie auch gebauter Raum ist. Subjektive psychologische Aspekte implizieren »immer affektive, kognitive, symbolische und ästhetische Prozesse in Beziehung zu anderen Individuen oder Gruppen und sind gleichzeitig auch immer in Beziehung zu objektiven sozialökonomischen Bedingungen zu sehen, die sich als Herrschaftsverhältnisse in den jeweiligen Formen des Eigentums und des Besitzes ausdrücken« (LEDIG/NISSEN, 1987, S. 18). Psychologische Aneignungsprozesse können also nicht ohne die sozialökonomischen Bedingungen der Aneignung erfasst werden, so CHOMBART DE LAUWE. Vor diesem Hintergrund sieht er »drei Schranken der Aneignung des Raums« (ebd., S. 2):

1. In industriellen Gesellschaften sind Widersprüche in der Umwelt zu finden. Die fortschreitende technische Entwicklung der Gesellschaft schafft eine zunehmende Verelendung der Umwelt. Er nennt hier Überbevölkerung, Umweltverschmutzung und Stadtzerstörung als Beispiele. Außerdem herrscht eine große Diskrepanz zwischen den Wenigen in der Gesellschaft, die den Raum besitzen und jenen, die sich den Raum aneignen (also alle Gesellschaftsmitglieder).
2. Die industrielle Gesellschaft ist durch eine zunehmende Orientierungslosigkeit gekennzeichnet. Die Städte werden zu immer anonymeren Orten, begleitet von einer nicht zu erfassenden Welle von Informationen durch Massenmedien.
3. Als dritte Schranke sieht CHOMBART DE LAUWE immer kürzere Zeitspannen zwischen neuen Entwicklungen, die von den Gesellschaftsmitgliedern oft gar nicht erfasst werden können.

Die beschriebenen Schranken sollen überwunden werden. Gerade Kinder und Jugendliche ermöglichen sich diesen Handlungsspielraum durch ihre Erkundungen, Treffen oder durch ihr Herumziehen. Denn »die Aneignung des Raums ist das Resultat der Möglichkeit, sich im Raum frei bewegen, sich entspannen, ihn besitzen zu können, etwas empfinden, bewundern, träumen, etwas kennenlernen, etwas den eigenen Wünschen, Ansprüchen, Erwartungen und konkreten Vorstellungen gemäßes tun und hervorbringen zu können« (ebd., S. 6). Der Prozess der Aneignung beginne mit der Aneignung des eigenen Körpers. CHOMBART DE LAUWE wirft den industriellen Gesellschaften ein Unvermögen im Umgang mit dem eigenen Körper vor, welches für Probleme in der Gesellschaft verantwortlich ist.

Der sozialgeographische Raum wäre ein »kodifizierter, institutionell verregelter Raum« (ebd., S. 3), der auf Normen, Anschauungen und Werten basiert. Einem Arbeiter ist es – laut CHOMBART DE LAUWE – nicht möglich, sich einen bürgerlichen Raum anzueignen und spricht in diesem Zusammenhang von einer

Dialektik »verregelter Raum – gelebter Raum«. Die Herrschaftsbeziehungen, die sich durch den Besitz von Raum ausdrücken, haben psychologische Auswirkungen auf Individuen und soziale Gruppen.

CHOMBART DE LAUWE unterscheidet zwischen drei Arten der Aneignung, die miteinander verbunden sind: Die kollektive Aneignung des öffentlichen Raums, die gemeinschaftliche Aneignung des Raums, aus Mitgliedern der gleichen Schicht bestehend und die private Aneignung in einem Haushalt oder der Wohnung. Der Grad der Aneignung hänge aber davon ab, »in welchem Ausmaß mehr oder weniger unbehindertes Handeln möglich ist« (ebd.). Und abschließend: »Die Aneignung des Raums entspricht so einer Gesamtheit psychologischer Prozesse, die in der Subjekt-Objekt-Beziehung verortet sind, in einer Beziehung also zwischen dem Subjekt (Individuum oder Gruppe), welches sich den Raum anzueignen versucht und den Objekten, die die Subjekte im Alltagsleben umgeben« (ebd., S. 6).

## 3.4 Das sozialökologische Raumaneignungskonzept

Nach BAACKE (1993c) müssen die jugendlichen Lebenswelten detailliert analysiert werden, um Handlungs- und Erfahrungszusammenhänge von Jugendgruppen ausreichend erfassen und verstehen zu können. Dazu schlägt er eine sozialökologische Betrachtungsweise vor (ebd., S. 146). Auch THIELE und TAYLOR (1998) folgen einer sozialökologischen Vorgehensweise bei der Untersuchung der Nutzung, der Aneignung und der Verdrängung von Sozialräumen von Jugendlichen. Die Wechselbeziehungen zwischen sozialer Umwelt und sozialem Handeln von Menschen werden so sichtbar gemacht. Es ist also möglich, mit Hilfe des sozialökologischen Raumkonzepts die Aneignungsprozesse von Jugendkulturen zu beschreiben, da es die Individuen in ihren konkreten Lebenszusammenhängen erfassen kann. In Anlehnung an Alfred SCHÜTZES (1974, zit. nach BAACKE, 1993a) Lebenswelt-Begriff definiert BAACKE (ebd., S. 83f) ›Lebenswelt‹ als

> »Bereich, in dem Vorerfahrungen von Eltern und Großeltern, eigene biographische Widerfahrnisse und Verarbeitungen, momentane Dispositionen und Zukunftsentwürfe einzelner und ihrer sozialen Gruppen (beim Kind: Familie, Schule, Peers) zusammenkommen, öffnet den Horizont täglicher Erfahrungen und alltäglichen Umgangs für den betrachtenden Blick.«

Das Lebensweltkonzept bleibe jedoch noch »leer«, wenn nicht auch die zeitliche und besonders die räumliche Dimension beachtet werde. Umwelt wäre der »konkrete Raum kindlichen Erlebens« (ebd.). Der sozialökologische Ansatz baut auf dieser These auf, denn die soziale Umwelt fördert oder behindert Kinder in ihrer Entwicklung. BAACKE betont in diesem Zusammenhang, dass die soziale Umwelt mehrfach geschichtet ist. Das sozialökologische Raumkonzept erfasse zwar den Raum an sich, jedoch nicht die »Einlagerung in das gesamtgesellschaftliche System« (BAACKE, 1993b, S. 145). Er erweitert an dieser Stelle seinen Ansatz mit BRONFENBRENNERS (1981) ökologischer Entwicklungstheorie.

Diese setzt sich mit dem Zusammenhang von menschlicher Entwicklung und unmittelbarer Umwelt auseinander. »Die Ökologie der menschlichen Entwicklung befasst sich mit der fortschreitenden gegenseitigen Anpassung zwischen dem aktiven, sich entwickelnden Menschen und den wechselnden Eigenschaften seiner unmittelbaren Lebensbereiche. Dieser Prozess wird fortlaufend von den Beziehungen dieser Lebensbereiche untereinander und von den größeren Kontexten beeinflusst, in die sie eingebettet sind« (BRONFENBRENNER, 1981, S. 37). Die Umwelt wird als »ineinandergeschachtelte Anordnung konzentrischer« Systeme (ebd., S. 38) verstanden. BRONFENBRENNER bezeichnet diese Strukturen als Mikro-, Meso-, Exo- und Makrosystem, welche in dieser Reihenfolge aufeinander aufbauen. Im Folgenden werden sie beschrieben:

***c) Das Mikrosystem***

»Ein Mikrosystem ist ein Muster von Tätigkeiten und Aktivitäten, Rollen und zwischenmenschlichen Beziehungen« (ebd.). Es ist also die direkt erlebte Umwelt, in der das Individuum im Kontakt zu anderen Individuen steht. Das Mikrosystem Familie kann hier als erstes Beispiel genannt werden. Das von BAACKE (z.B. 1993b) beschriebene sozialökologische Zonenmodell beinhalten solche Mikrosysteme.

***d) Das Mesosystem***

Das Mesosystem beinhaltet alle Wechselbeziehungen zwischen mikrosystemischen Bereichen, an denen das Individuum aktiv beteiligt ist. Das Mesosystem umfasst viele verschiedene Mikrosysteme. Es entsteht durch die Erschließung von neuen

Lebensbereichen. Zum Mesosystem eines Kindes gehören beispielsweise die Beziehungen zwischen Elternhaus, Schule, Freundeskreis und Nachbarschaft. Ein erwachsenes Mesosystem beinhaltet Beziehungen zwischen Arbeit, Familie, Bekanntenkreis, Kindertagesstätte.

***e) Das Exosystem***

Das Exosystem ist der Lebensbereich, an dem die Individuen nicht selbst teilnehmen, aber davon beeinflusst werden. Im weitesten Sinne sind es gesellschaftliche Bereiche, die in Mikro- und Mesosysteme einwirken. Beispiele hierfür sind: Medien, Wirtschaftssysteme, Behörden, Verkehrssysteme, transnationale Konzerne, etc. (vgl. auch BAACKE, 1993b, S. 145).

***f) Das Makrosystem***

Das Makrosystem beinhaltet kulturelle und subkulturelle Normen, Weltanschauungen und Ideologien, die sich auf die drei niedrigeren Systeme beziehen.

Zusammenfassend kann zur ökologischen Entwicklungstheorie BRONFENBRENNERS gesagt werden, dass die Umwelt über diese vier Systeme strukturiert ist und nur über sie erfasst werden kann. Erst dadurch kann ein ökologischer Raum erfasst werden, der »Entwicklungsveränderungen erzeugt und von Entwicklungsveränderungen erzeugt wird.« Diese Entwicklungsveränderungen finden in sogenannten »ökologischen Übergängen« statt (vgl. BRONFENBRENNER, 1981, S. 43). Das heißt nun, dass die vier Systeme kein statisches Muster verfolgen (vgl. dazu GLÖCKLER, 1988, S. 28). Vielmehr ändern sich Rollen von Individuen in bestehenden Räumen und/oder Individuen erweitern ihre Lebensräume.

Als ökologische Übergänge können beispielsweise genannt werden: Eintritt in den Kindergarten oder in die Schule, die Geburt eines Kindes, Pensionierung, usw. BRONFENBRENNER vertritt die These, »dass jeder ökologische Übergang Folge wie Anstoß von Entwicklungsprozessen ist« (BRONFENBRENNER, 1981, S. 43). Der Lebensbereich erweitert sich laut BRONFENBRENNER allmählich:

Ein Kleinkind wird in das Mikrosystem Familie hineingeboren, durch den Eintritt in eine Kindergruppe vergrößert sich der Lebensbereich, das Kind hat es nun mit einem weiteren Mikrosystem zu tun und bewegt sich fortan in einem Mesosystem. Durch diesen Übergang entsteht etwas ›Neues‹, d.h. die Umwelt, die das Kind nun umgibt, wird neu erschlossen. BRONFENBRENNER sieht daraus einen direkten Zusammenhang zwischen menschlichen Entwicklungsprozessen und der Erschließung von Umwelt. BAACKE (1993b, hier: 1993c, S. 146ff, u.a.) baut auf der Theorie BRONFENBRENNERS auf und entwickelt ein Zonenmodell, das im Folgenden vorgestellt wird.

Jugendliche durchlaufen in ihrer Entwicklung unterschiedliche Zonen. Dabei steht das Individuum in einer Beziehung zu ihrer/seiner sozialen Umwelt, welche auch angeeignet wird. Die Lebenswelt der Jugendlichen erweitert sich allmählich. Sie startet im eigenen zu Hause, dem ökologischen Zentrum, in dem das Mädchen/der Junge noch an ihre/seine Familie gebunden ist. Als nächstes entdeckt das Kind die Nachbarschaft, d.h. es beginnt sich in seinem ökologischen Nahraum zu bewegen, welcher auch angeeignet wird. Mit der Schuleingangsphase erweitert sich die Lebenswelt um die ökologischen Ausschnitte. Die vierte Zone bezieht sich auf gelegentliche Ortaufenthalte, der ökologischen Peripherie.

Die unterschiedlichen Zonen sind als sich erweiternde konzentrische Kreise angeordnet.

a) Das ökologische Zentrum wird als erste Zone von BAACKE genannt. Es handelt sich um das ›Zuhause‹, in das frau/man hineingeboren wird. Das Kind lernt sich selbständig zu bewegen, entwickelt Beziehungen zu anderen Menschen, lernt zu sprechen, lernt sich in seiner/ihrer Umwelt zu orientieren und seinen/ihren Willen durchzusetzen.

b) In der zweiten Zone, dem ökologischen Nahraum, nimmt das Kind erste außerfamiliäre Kontakte auf. Das Kind erobert eigene Räume, wie fremde Wohnungen, Hauseingänge, Parks, Innenhöfe und entwickelt erste selbstgewählte Beziehungen.

c) Die dritte Zone umfasst Institutionen, wie Schule, Jugendzentren, u.ä. In diesen ökologischen Ausschnitten wird die Raumnutzung durch den Jugendlichen definiert. An diesem Punkt angelangt, entwickeln Jugendliche ihre Peer-Beziehungen, sie schließen Freundschaften mit KlassenkameradInnen, mit LehrlingskollegInnen.

d) Die vierte Zone bezieht sich auf gelegentliche Aufenthalte an bestimmten Orten. Die »ökologische Peripherie« ist kein systematischer Handlungsraum, sondern steht nur für eine bestimmte Zeit zur Verfügung. Fern gelegene Freizeitangebote, Ferienziele, Räume, die selten besucht werden, sind Beispiele hierfür. Je ausgeprägter dieser periphere Handlungsraum der Jugendlichen ist, desto offener und erfahrener werden sie. Ihr Handlungsraum erweitert sich dadurch. Außerdem stehen dem Jugendlichen mehr Alternativen zu seinem/ihrem unmittelbaren Nahraum zur Verfügung.

Die beschriebenen Zonen werden von Jugendlichen nacheinander durchlaufen. Jugendliche nutzen sie gleichzeitig oder nach Bedarf. Mit dem sozialökologischen Zonenmodell können Handlungsräume eines Jugendlichen beschrieben werden. Die Lebenswelt, somit auch der Handlungsraum, ist anfangs begrenzt, erst mit fortschreitendem Lebensalter erweitert sie sich, ändert aber zugleich auch ihre Qualität. Das Aufwachsen in einer modernen Gesellschaft bedeutet, dass sich ein Kind in unterschiedlichen ›Ausschnitten‹ bewegen muss, sich selbst seine Handlungsräume erschließen muss, um sie dann zu einem Puzzle zusammenzuführen.

Die Systematisierung der Lebenswelt in Zonen ermöglicht eine konkrete Beschreibung der Handlungsräume von Jugendlichen. Die dargestellten vier Sphären können ineinander übergehen, sie sind nicht strikt voneinander zu trennen. Die Schule als Institution ist nicht nur Ort der Wissensvermittlung, sondern auch Ort für Treffen oder Aktionsmöglichkeiten (vgl. hierzu auch: THIELE/TAYLOR, 1998).

BAACKE entwickelte ein Konzept der kontinuierlichen Ausdehnung des kindlichen und jugendlichen Handlungsraumes. Für viele AutorInnen (z.B. HARMS u.a., 1986) ist jedoch ein derartiges Modell überholt. Die Lebenswelt von Kindern und Jugendlichen wäre zunehmend eingeschränkter. Eine allmähliche Ausdehnung ihrer räumlichen Umwelt wäre heute – besonders in Großstädten – nicht mehr möglich. Zwar betonen die AutorInnen, wie auch BAACKE, die große Bedeutung des ökologischen Nahraums, dem zu Hause und der unmittelbaren Wohnumgebung, die Ausdehnung der kindlichen und jugendlichen Lebenswelt erweitere sich aber nicht in konzentrischen Kreisen. Vielmehr

»erweitert (sie, Anm. N.M.) sich in Richtung auf Spiel- und später größere Streifräume in Abhängigkeit von der Struktur der Umgebung und den sozialen Beziehungen des Kindes:

1. Kinder nutzen die für sie geschaffenen Orte und Plätze (Spielplätze, Fußballkäfige, Abenteuerspielplätze).
2. Kinder nutzen öffentliche Räume für ihre Zwecke (Radfahren auf Bürgersteigen, Klettern auf Telefonkästen, Rollerskates fahren auf Parkwegen und Parkplätzen).
3. Kinder nutzen nicht für sie gedachte Orte und Räume für ihre Zwecke um (Spielen in Fahrstühlen, Abrisshäusern und Fabrikgeländen).« (HARMS, u.a., 1986, S. 29)

DEINET (1999, S. 37f) zufolge schließe aber BAACKES Zonenmodell die Lücke der LEONTJEWschen Aneignungstheorie, da es den Zusammenhang zwischen dem Verhalten von Kindern und Jugendlichen und ihrer konkreten Umwelt erfassen würde: »die Verbindung des Entwicklungskonzeptes von LEONTJEW mit der konkreten Lebenswelt von Kindern und Jugendlichen in unserer Gesellschaft.« Auch MERKENS (2001) nimmt das Aneignungskonzept von BAACKE zum Ausgangspunkt seiner Sozialraumanalysen. Er verbindet das Zonenmodell BAACKES mit dem Inselmodell Helga ZEIHERS, wo sich Kinder und Jugendliche von einem Zentrum aus (das eigene zu Hause) zu anderen Inseln (Schule, Freizeiteinrichtungen, Einkaufszentren, etc.) bewegen. Das Modell des verinselten Lebensraums wird von vielen AutorInnen als Erklärung der räumlichen Aneignung bevorzugt. In einem der nächsten Kapitel wird darauf näher eingegangen.

## 3.5 Zusammenfassung

Kinder und Jugendliche stehen ihrer Umwelt nicht passiv gegenüber, sie sind handelnde Subjekte, die sich ihre Umwelt erschließen. Wie gerade gezeigt wurde, gibt es dazu unterschiedliche thematische Zugänge, die an dieser Stelle noch einmal zusammenfassend erläutert werden. Im Folgenden wird zwischen fünf Aneignungskonzepten unterschieden:

### *a) Das handlungsbezogene Aneignungskonzept*

Der Begriff ›Aneignung‹ geht auf die sowjetische Psychologie zurück. LEONTJEW (1971) zufolge, vollzieht sich die Entwicklung des Menschen in seiner tätigen Auseinandersetzung mit seiner Umwelt. Das heißt, dass sich Kinder und Jugendliche ihre Umwelt als aktiv handelnde Subjekte erschließen. Der Prozess, der dahinter steht, ist der der Aneignung.

### *b) Das subjektbezogene Aneignungskonzept*

Auch Martha MUCHOW (1935) geht von einem Aneignungskonzept aus, indem das Kind als aktiv handelndes Subjekt dargestellt wird. Sie geht jedoch stärker auf den kindlichen Lebensraum ein. Sie unterscheidet zwischen Spiel- und Streifraum, die zusammen den Lebensraum des Kindes darstellen. Der Spielraum stellt den unmittelbaren Nahraum des Kindes dar. Hier macht das Kind seine ersten räumlichen Erfahrungen. Der Streifraum hingegen liegt kreisförmig um den Spielraum herum, d.h. der Lebensraum des Kindes breitet sich kreisförmig aus. Der Aneignungsprozess beinhaltet aber auch Umdeutungen, Widersprüche oder Brüche im kindlichen Lebensraum.

### *c) Das gesellschaftliche Aneignungskonzept*

Hier wird von einem sozialgeographischen Raum ausgegangen. Aneignung wird als sozialer Prozess verstanden. CHOMBART DE LAUWE (1977) betont, dass damit nicht nur die Beziehungen zu anderen Individuen oder Gruppen gemeint sind, sondern Aneignung beinhaltet gleichzeitig auch immer die Beziehungen zu sozialökonomischen Bedingungen, die durch Eigentum und Besitz bestimmt sind.

### *d) Das Zonenmodell*

Ein Individuum durchläuft in ihrer/seiner Entwicklung verschiedene Zonen. In Anlehnung an SCHÜTZES Lebensweltbegriff, beschreibt BAACKE (1993) ein Zonenmodell, wo sich Kinder und Jugendliche ihre Umwelt allmählich aneignen. Erst erschließt sich das Kind sein eigenes Zuhause (ökologisches Zentrum), als nächstes entdeckt es die Nachbarschaft (ökologischer Nahraum), mit dem Schuleintritt vergrößert sich seine Lebenswelt um die ökologischen Ausschnitte und mit steigendem Alter sucht das Kind immer weitergelegene Orte auf, es erschließt sich die ökologische Peripherie. Die beschriebenen Zonen sind als sich erweiternde konzentrische Kreise zu verstehen.

### *e) Das Inselmodell*[23]

Helga ZEIHER (1983) setzt dem Modell des einheitlichen Lebensraums (vgl. Kapitel 6.1) ein neues Lebensraummodell gegenüber: das Model des verinselten Lebensraums. Durch zunehmende räumliche Veränderungen der kindlichen Lebenswelt können sich Kinder immer weniger ihre ›Räume‹ allmählich aneignen. Sie finden sich in einem verinselten Lebensraum wieder. »Der verinselte Lebensraum besteht aus einzelnen separaten Stücken, die wie Inseln in einem größer gewordenen Gesamtraum verstreut sind, der als ganzer bedeutungslos und weitgehend unbekannt bleibt« (ZEIHER, 1983, S. 362f).

Der Thematik der vorliegenden Studie entsprechend, wird von einem Aneignungsbegriff ausgegangen, der das Individuum als aktiv handelndes Subjekt sieht (vgl. MUCHOW, 1935), das sich seine Umwelt durch verschiedene Tätigkeiten (vgl. LEONTJEW, 1971) erschließt. Das Insel- und Zonenmodell kann besonders für die Beschreibung von jugendlichen Lebensräumen herangezogen werden. MERKENS (2001) verbindet in seiner Untersuchung über die Nutzung von Sozialräumen von Jugendlichen die beiden Modelle. Auch ich wähle diese

---

[23] Das Inselmodell ZEIHERS befindet sich in Kapitel 6.

Vorgehensweise. Die Tätigkeiten von Individuen rücken räumlich immer weiter auseinander. Wir leben zunehmend in einer bewegten Welt. Auch Kinder und Jugendliche sind immer mehr von räumlichen Veränderungen in ihrem Lebensalltag betroffen. Das Inselmodell ZEIHERS eignet sich, um die Lebensräume von Kindern und Jugendlichen zu beschreiben. Ich bevorzuge dennoch eine Verbindung der beiden Modelle, da der ökologische Nahraum immer noch einen hohen Stellenwert in der Sozialisation von Kindern und Jugendlichen hat. Wie noch zu zeigen sein wird, eignet sich das Inselmodell zur Beschreibung der Aneignung von jugendlichen SprüherInnen.

# 4 GESCHLECHTSSPEZIFISCHE RAUMANEIGNUNG

> »Ein Mädchen, eine Frau in der Öffentlichkeit, auf Straßen und Plätzen, ist nie einfach nur ein Mensch, sondern immer festgelegt und definiert durch die vorgesehene Frauenrolle, an der sie auch gemessen wird. Immer ist sie Gegenstand durch Bewertung durch Jungen und Männer, die sich als Experten fühlen, Zensuren zu verteilen...« (HEILIGER, 1993, S. 161)

Darin sind sich viele Autorinnen einig: Mädchen halten sich weniger in öffentlichen Räumen auf als Jungen. Zudem sei ihr Aktions- und Bewegungsradius weitaus begrenzter (vgl. NISSEN, 1992; FLADE, 1993; RAUSCHENBACH, 1993; KUSTOR, 1996; SCHÖN, 1999 u.a.). Schon MUCHOW (1935) wies auf die geschlechtsspezifische Nutzung und Aneignung von öffentlichen Räumen bei Kindern hin (vgl. Kapitel 3.2). Ihren Untersuchungen zufolge haben 14jährige Jungen einen doppelt so großen Lebensraum wie gleichaltrige Mädchen. Hat sich seit MUCHOWS Untersuchung wirklich nichts verändert?

Das Kapitel gliedert sich in folgende Teilabschnitte: Zunächst erscheint es mir sinnvoll, als Ausgangslage für das Kapitel, die geschlechtsspezifischen Aspekte der Sozialisation näher zu betrachten. Darauffolgend werden ›Mädchen in öffentlichen Räumen‹ thematisiert. Dass Raumeinschränkungen in diesem Zusammenhang ebenfalls eine Rolle spielen, wird im folgenden Unterkapitel behandelt. Bewegungserfahrungen und Mobilität von Mädchen runden das Kapitel ab.

## 4.1 GESCHLECHTSSPEZIFISCHE SOZIALISATION[24] UND RÄUMLICHE ANEIGNUNG

KLEES u.a. (1997, S. 20) verstehen unter Sozialisation: »Sozialisation ist der Prozess, in dem Menschen in eine bestehende Gesellschaft integriert werden. Sie müssen dazu die Werte und Normen, die Sitten und Gebräuche verinnerlichen.«

[24] Eine genaue Beschreibung der geschlechtsspezifischen Unterschiede in der Sozialisation von Mädchen und Jungen, sowie eine Betrachtung weiblicher Sozialisation allgemein, würde hier zu weit führen (nachzulesen in: HAGEMANN-WHITE, 1984).

Sozialisation erfolgt geschlechtsspezifisch. NISSEN (2001, S. 14) ergänzt: »Sozialisation ist ein Prozess der Selbst-Bildung in sozialen Praktiken« (BILDEN, 1991), d.h. ein Prozess der Aneignung und Konstruktion«. Kinder, Jugendliche und Erwachsene stehen ihrer Umwelt handelnd gegenüber.

TULLY und SCHULZ (2001) zufolge ist »Sozialverhalten ohne Raumbezug« nicht denkbar. Mädchen und Jungen sollen also nicht als »Opfer ihrer Verhältnisse« betrachtet werden, sondern als aktiv handelnde Subjekte in der Schule, in der Familie, in Freizeiteinrichtungen oder eben auch im öffentlichen Raum. In Anlehnung an NISSEN (2001, S. 14) gehe ich von einem Sozialisationskonzept aus, das zwischen Kind und Umwelt eine Wechselwirkung sieht. Das Kind wird also nicht von der Umwelt geprägt, sondern kann sich die Umwelt durch Handeln aneignen und sie verändern. Das gilt für Jungen und für Mädchen. Die Handlungsmöglichkeiten von Mädchen jedoch sind eingeschränkter als jene von Jungen, wie folgend gezeigt werden soll.

In der Geschlechterforschung wird zwischen den Begriffen ›Sex‹ und ›Gender‹ unterschieden. Der erste deutet auf das biologische Geschlecht eines Menschen hin, der zweite auf das soziale Geschlecht. Männer und Frauen unterscheiden sich zwar biologisch, das Geschlecht stellt jedoch auch eine soziale Kategorie dar (BILDEN, 1991). Erst über das ›kulturelle System der Zweigeschlechtlichkeit‹ (HAGEMANN-WHITE, 1984) erlangt das biologische Geschlecht an Bedeutung.

Das soziale Geschlecht ist bei der Betrachtung von geschlechtsspezifischer Sozialisation ausschlaggebend. Geschlecht ist nicht das was frau/man ist, sondern das, was sie/er tut. In der Geschlechterforschung spricht frau/man dabei vom Prozess des ›Doing Gender‹. BILDEN (1991, S. 294) dazu: »Indem wir als Frauen oder Männer handeln, Männlichkeit oder Weiblichkeit darstellen, arbeiten wir permanent an der Produktion des Geschlechterverhältnis mit.« Kinder erlernen in ihren ersten beiden Lebensjahren ihre eigene Geschlechtszugehörigkeit (KLEES u.a., S. 20). Sie erfahren was ›männlich‹ und was ›weiblich‹ ist.

> »Unter weiblich verstehen wir all das, was mit der polaren Geschlechtsrollencharakterisierung verbunden wird: Emotionalität, Einfühlungsvermögen, Sanftheit, Geduld und nicht zuletzt auch Selbstlosigkeit und Passivität. Durch diese, wenn auch unbewussten, Assoziationen ist die Bezeichnung »weiblich« u.E. als Zuordnung zur sozialen Kategorie Geschlecht uneindeutig, verschleiernd, d.h. die Charakteristika der weiblichen

Geschlechtsrolle werden immer mitgedacht. Wir verwenden daher die Begriffe »Frau« und »Mann«, um die ›Selbstverständlichkeit der Zuordnung von ›Männlichkeit‹ an Männer und ›Weiblichkeit‹ an Frauen‹ zu durchbrechen.« (PALZKILL, 1990, S. 78, zit. nach SCHEFFEL/SOBIECH, 1991, S. 45)

Geschlechtstypisches Verhalten wird also erlernt und dadurch verstärkt, dass Mädchen und Jungen Zustimmung erhalten, wenn sie sich wie ein Mädchen bzw. wie ein Junge verhalten (vgl. FLADE, 1996, S. 15). Wie noch zu zeigen sein wird, kann bei Mädchen und Jungen ein unterschiedliches räumliches Verhalten beobachtet werden. Mädchen bewegen sich anders im Raum und nehmen ihn auch anders wahr als Jungen. Dies steht im Zusammenhang mit unterschiedlicher geschlechtsspezifischer Sozialisation und Erziehung.

Zwar gibt es immer mehr Bestrebungen seitens der Eltern, ihre Kinder ›gleichberechtigt‹ zu erziehen (das heißt, nicht nach traditionellen Geschlechtsrollenstereotypen), jedoch werden die Mädchen von ihren Eltern »stärker beaufsichtigt und kontrolliert« (BÖHNISCH/MÜNCHMEIER, 1991, S. 79). Dieser Schutz und Kontrolle führt dazu, dass Mädchen sich weitaus eingeengter bewegen und sich somit auch begrenzter ihre Lebenswelt aneignen, als dies Jungen tun. Schon im Kindergarten zeigt sich, dass Jungen mehr ›herumtoben‹ und Mädchen eher ›kleinräumig‹ am Tisch zeichnen, malen oder basteln (vgl. ebd., S. 80).

In der Schule werden Mädchen und Jungen zwar gleichberechtigt unterrichtet, spätestens bei Beendigung der Schulausbildung wird aber ersichtlich, dass Mädchen beschränkte Berufsaussichten, vor allem in technischen Berufen, haben. Mädchen sollten deshalb dazu angeregt werden, schon frühzeitig in gemischt-geschlechtlichen Gruppen zu spielen und dort lernen sich auch durchzusetzen (vgl. FLADE, 1996).

## 4.2 Mädchen in öffentlichen Räumen

18 Jahre liegt der 6. Jugendbericht der deutschen Bundesregierung (1984) zur »Verbesserung der Chancengleichheit von Mädchen in der Bundesrepublik Deutschland« zurück. Damals wurde bereits der Ausschluss von Mädchen aus öffentlichen Räumen thematisiert. Daraus entstanden eine Vielzahl von abgeschlossenen Mädcheneinrichtungen.

Die Besetzung von öffentlichen Außenräumen hingegen wurde kaum mehr angesprochen (vgl. PASSARGE/ROSE/STIBANE, 1996, S. 178f). Vor allem die empirischen Untersuchungen von KUSTOR-HÜTTL und FLADE (1993 u. 1996), sowie NISSEN (1992) brachten das Thema ›Mädchen und öffentliche Räume‹ wieder in die wissenschaftlicher Diskussionen. 1996 forderten die Autorinnen des Buches »Raus aus dem Haus: Mädchen erobern die Stadt«[25] die aktive Einbeziehung von Mädchen in die Öffentlichkeit. Mädchen müssen dazu anregt werden, das Haus zu verlassen.

Gegenteiliger Meinung ist jedoch Birgit BÜTOW (2001): Mädchen wären heute genauso in der Öffentlichkeit präsent wie Jungen. Deshalb gehöre die Mädchenarbeit an den Ort, wo Mädchen sich aufhalten – »Mädchenarbeit – raus aus dem Haus« (ebd., S. 58ff). Ich teile BÜTOWS Ansicht: Mädchen halten sich ebenfalls in öffentlichen Räumen auf, die Orte der Mädchenarbeit werden sollten.

### 4.2.1 (Re)Produktion von Geschlechterrollen im öffentlichen Raum

Zunächst wird es sinnvoll sein, den ›öffentlichen Raum‹ als Begriff näher zu beleuchten. Öffentlichkeit[26] (und Privatheit) im heutigen Sinn entstanden als Folge der Aufklärung und der damit verbundenen Entstehung der modernen bürgerlichen Gesellschaft (NISSEN, 2001, S. 16).

[25] FLADE/KUSTOR (1996)

[26] Den Ausgangspunkt zum öffentlichen Leben bildete die griechische Polis. Sie wurde fälschlicherweise oft als ideologisches Muster der Öffentlichkeit herangezogen (vgl. ARENDT 1971/1981). Frauen waren in der realen Polis von der Öffentlichkeit ebenso ausgeschlossen wie Sklaven (gemeinsam bildeten Frauen und Sklaven die überwiegende Mehrheit der Gesellschaft der Polis). Öffentlichkeit konstituiert sich in der Diskussion und im Gespräch (vgl. dazu HABERMAS, 1990, S.15). HABERMAS geht davon aus, dass sich – zumindest in Deutschland – das Feld der Öffentlichkeit wie sie heute verstanden wird, im 18. Jahrhundert gebildet hat . Der Gebrauch des Begriffs der Öffentlichkeit etablierte sich in der ›bürgerlichen Gesellschaft‹ in der Zeit des Industrialismus. Im heutigen Sinne ist sie demokratische Kontrollinstanz des Verhältnisses des Bürgers zum Staat. Nach wie vor ist die reale Teilhabe an der Öffentlichkeit für Frauen und bestimmte soziale Schichten massiv begrenzt. Für HABERMAS ist die Öffentlichkeit eine Institution der Lebenswelt.

Das Öffentliche war politisch und wurde mit der männlichen Lebenswelt gleichgesetzt, das Private war unpolitisch und wurde zu einer weiblichen Sphäre.

> »Die Öffentlichkeit als Sphäre der Unmoral bedeutete für Frauen etwas anderes als für Männer. Frauen liefen in ihr Gefahr, ihre Tugenden zu verlieren, sich zu beschmutzen, in einen ›Strudel von Unordnung und Ungestüm‹ (THACKERAY) zu geraten. Öffentlichkeit war mit der Vorstellung von Schande eng verknüpft. Für den bürgerlichen Mann besaß ›Öffentlichkeit‹ einen anderen moralischen Klang.« (SENNETT, 1995, S. 41, zit. nach BÜTOW, 2001, S. 33)

Damit

> »war mit der Polarisierung der Gesellschaft eine grundlegende Bedingung zur Individualisierung gegeben: Während das Private als der Raum für Intimität und Abgeschlossenheit gilt (Raum für die individuelle physische und psychische Reproduktion und Selbstverwirklichung), ist die öffentliche Sphäre von nun an der Ort für die Erprobung verschiedener Rollen und sozialer Positionen (Arbeit bzw. Beruf, Politik, Schule/Bildung etc.)...« (BÜTOW, 2001, S. 33)

Die feministische Forderung ›Das Private ist politisch‹ will eine Neubestimmung der Inhalte von ›öffentlich‹ und ›privat‹ (ebd., S. 17). Zum Begriff Raum wurde schon viel gesagt, hier möchte ich noch einmal betonen, dass Raum mehr ist als nur ein konkreter geographischer Ort. Der menschliche Körper ist mit dem Raum verbunden, was auf menschliches Handeln schließt. Es existieren neben physischen, gebauten und natürlichen Räumen auch durch das Handeln entstandene Räume. Soziales Handeln findet in sozialen Räumen statt, wird dort geübt, verfestigt und ist auch einem gesellschaftlichen Wandel unterworfen. Menschliche Handlungen sind also eng mit Räumen verbunden, genauso wie Sozialisation immer in Räumen stattfindet (ebd., S. 15). Im Zusammenhang mit ›Öffentlichkeit‹ und ›Raum‹ kommt der Sozialisation eine besondere Bedeutung zu. Geschlechterrollen werden im Prozess der Sozialisation reproduziert. Dasselbe gilt auch im alltäglichen Handeln. Die Untersuchungen von FLADE/KUSTOR (1996), NISSEN (1992), DOMENTAT (1994) belegen dies und weisen darauf hin, dass Mädchen zwar präsent sind, den öffentlichen Raum jedoch nicht gleich nutzen können wie Jungen.

### 4.2.2 Die Nutzung von öffentlichen Räumen

Es gibt eine geschlechtsspezifische Nutzung von öffentlichen Freiräumen. Dieses Ergebnis erzielten die von mir zitierten empirischen Untersuchungen. Die Beobachtungen, die die AutorInnen machen, gelten sowohl für städtische und ländliche Lebensbereiche, als auch für alle sozialen Schichten. Im Folgenden werden die wichtigsten Geschlechtsunterschiede im räumlichen Verhalten zwischen Mädchen und Jungen anhand empirischer Forschungsergebnisse dargestellt.

Folgende Abbildung verdeutlicht, dass Mädchen in jeder Region, in jedem Alter und innerhalb jeder Schicht den öffentlichen Freiraum weniger intensiv nutzen als Jungen.

Nutzung öffentlicher Räume

| Region | Landgemeinde | | Wohndorf | | Stadtteil | | |
|---|---|---|---|---|---|---|---|
| | Junge | Mädchen | Junge | Mädchen | Junge | Mädchen | insgesamt |
| wenig | 18 | 26 | 23 | 32 | 11 | 21 | 22 |
| mittel | 57 | 60 | 53 | 52 | 54 | 60 | 55 |
| viel | 24 | 14 | 24 | 16 | 35 | 22 | 22 |

Quelle: NISSEN, 1992, S. 146

NISSEN (ebd.) nimmt ebenfalls eine schichtspezifische Betrachtung vor: Mädchen der oberen Mittelschicht nutzen den öffentlichen Freiraum am wenigsten, Jungen aus der unteren Mittelschicht dagegen am häufigsten. ZINNECKER (1979 fortlaufend) weist auf die Bedeutung der »Straßensozialisation« hin. Straße wäre ein wichtiger Lernort. Dem Ergebnis von NISSEN zufolge, kann daraus geschlossen werden, dass Straße vor allem ein Lernort für Jungen ist.

Um den Aufenthalt von Jungen und Mädchen näher bestimmen zu können, ist es sinnvoll den öffentlichen Raum differenzierter zu betrachten. NISSEN (ebd., S. 140) unterscheidet zwischen privatnahen Räumen (Hauseingang und Gehweg vor dem Haus, Hinterhöfe und Grünflächen am Haus) und öffentlichen Freiräumen (Parks, Grünflächen, Straßenraum und Spielplätze). Jungen spielen eher im weiten räumlichen Umfeld von Straßen (entferntere Spielplätze, Herumfahren, etc.). Mädchen bevorzugen privatnahe Räume (den Garten, Hof, den Platz vor dem Hauseingang, etc.).

RAUSCHENBACH (1992) stellt dazu fest, dass bei achtjährigen Kindern noch wenig geschlechtsspezifische Ausprägungen im Außenverhalten (S. 172) zu beobachten sind. Bei 12jährigen Jungen reduziert sich die Zahl um ein Drittel, die unmittelbar in der Nähe des Hauses spielen. Bei den 8-12jährigen Mädchen jedoch ist nur eine geringfügige Differenz dazu festzustellen. Zu einem ähnlichen Ergebnis kommt NISSEN (1992, S. 154): Die Nutzung des öffentlichen Freiraums nimmt bei Jungen zwischen dem 8. und 12. Lebensjahr zu. Bei Mädchen hingegen gilt das nur bis zum 11. Lebensjahr, danach nimmt die Zahl wieder ab.

Auch FLADE (1993) bestätigt dieses Ergebnis mit einer Untersuchung, die sie auf einem Spielplatz durchführte: Durch Beobachtungen (alle 15 Minuten) stellte sie fest, dass der Spielplatz von zwei Drittel Jungen und nur von einem Drittel Mädchen besucht wird. Bei den über 12jährigen betrug der Anteil der Mädchen nur noch ein Zehntel. Mädchen und Jungen unterscheiden sich nicht nur hinsichtlich ihrer unterschiedlichen Nutzung von öffentlichen Räumen. LEVER (1976, zit. nach FLADE, 1996, S. 21f) hat auf die Unterschiede im Spielverhalten von 10-11jährigen Mädchen und Jungen hingewiesen:

- Mädchen spielen in kleineren Gruppen, Jungen in größeren.
- Mädchen spielen eher in altershomogenen Gruppen.
- In den Spielen von Mädchen lässt sich weniger ein Wettstreitcharakter feststellen. Jungen sind in ihren Spielen eher darauf aus, herauszufinden, wer der Bessere, Schnellere oder Stärkere ist.

STEINMAIER (1993, S. 169f)) ergänzt dazu:

- Mädchen spielen eher Jungenspiele, Jungen spielen fast nie Mädchenspiele.
- Die Spiele von Mädchen haben eine kürzere Dauer als jene von Jungen.
- Jungen beziehen die Umwelt mehr in ihr Spiel ein als Mädchen.
- Mädchen verabreden sich mehr als Jungen.
- Mädchen benutzen seltener das Fahrrad, sie gehen mehr zu Fuß.

BÜTOW (2001, S. 34) fasst die Ergebnisse der oben zitierten empirischen Untersuchungen hinsichtlich der Nutzung des öffentlichen Raumes, sowie der ›negativen, einschränkenden Konnotationen‹, die mit dem Aufenthalt verbunden sind, zusammen:

- »Mädchen spielen häufiger zu zweit, sind auf Freundinnen-Beziehungen orientiert, während Jungen eher in größeren, jungendominierten Gruppen zu finden sind.
- Mädchen orientieren sich eher in Binnen- bzw. Innenräumen und ihre Aktionsräume sind prinzipiell eingegrenzter wie von Jungen.
- Mädchen sind weniger dominanz- und stärkeorientiert.
- Straße und öffentliche Räume für Mädchen: Sie konzentrieren sich auf soziale Nah-Räume von Wohnungen bzw. Institutionen (Hinterhöfe, Schulhöfe, Gärten, Parks), während Straße eher Gefährdungs- und weniger Gestaltungs- und Selbstentfaltungsraum ist.
- Mädchen sind im öffentlichen Raum der Straße eher Anhängsel der Jungen, zeichnen sich entweder durch tradierte Rollen- und Verhaltensmuster sowie weibliche Attraktivitäts-Ideale oder durch die Anpassung an bzw. Versuche der Übernahme männlicher Werte und Verhaltensweisen.
- Mädchen auf der Straße sind sexualisierbare Objekte, wo immer noch eine Verbindung zur Prostitution hergestellt wird und damit eine Abwertung und Stigmatisierung von weiblicher Präsentanz auf der Straße stattfindet, womit sich der Kreislauf schließt, dass die Öffentlichkeit für Mädchen ein weniger attraktiver und zudem höchst ambivalenter Ort ist.«

Zusammenfassend kann also gesagt werden, dass in den oben zitierten Forschungsergebnissen Mädchen in öffentlichen Freiräumen weniger wahrgenommen werden als Jungen. Sie gelangen alle zu der These, dass Mädchen den öffentlichen Freiraum weniger nutzen als Jungen und dass Mädchenkindheiten in Innenräumen, sowie in Institutionen stattfinden. Dieses Ergebnis relativieren vor allem Autorinnen neuerer Publikationen (SCHÖN, 1999; BÜTOW, 2001; LÖW, 2001).

LÖW (2001) zufolge, müssen diese Ergebnisse neu interpretiert werden. Jungen würde ein größerer Aktionsraum zugesprochen werden, der als Norm festgelegt wird. Für die Mädchen wünscht frau/man sich einen »größeren Raum« (LÖW, ebd., S. 247). Diese Vorstellung liege einem absolutistischen Raumbegriff zugrunde. Der Raum wird vorausgesetzt, der »geschlechtsspezifische Konstitutionsprozess« würde nicht untersucht werden. LÖW stellt keine eigene Studie den (obigen) Ergebnissen gegenüber. Sie kritisiert vielmehr, dass Mädchen und Frauen unterschwellig keine Raumkompetenz eingestanden wird: »Mädchen werden dagegen nicht auf Rollen vorbereitet, die räumliche Kompetenz erfordern« (FLADE, 1993, S. 33, zit. nach ebd.). Um ihre Kritik zu untermauern, führt sie eine Untersuchung aus der feministischen Stadtforschung[27] (S. 250f) an: Ergebnis der Studie ist, dass Frauen in ihrem Alltag viel mehr Wege zurücklegen und dadurch mehr Orte miteinander verknüpfen als Männer. Frauen bringen ihre Kinder morgens in den Kindergarten, suchen dann ihren Arbeitsplatz auf, holen die Kinder wieder ab, gehen einkaufen, bringen die Kinder zu Freizeiteinrichtungen, holen sie wieder ab, usw. Männer hingegen legen in ihrem Alltag nur wenige Wege zurück (von der Wohnung zum Arbeitsplatz und zurück). Wie erklärt sich diese selbständige Mobilität, wo Frauen doch als Mädchen weniger raumkompetent als Jungen verstanden werden? LÖW zufolge ist Raumkompetenz und die damit verbundene selbständige Mobilität ein weitaus komplexerer Untersuchungsgegenstand, als mit der Aktionsgröße von Mädchen und Jungen, Frauen und Männern erklärt werden könnte. Sie schlägt deshalb eine Vorgehensweise vor, die Raum als im Prozess konstituiert versteht (vgl. auch Kapitel 1.8). Christine AHREND (1997) versuchte – ausgehend von den Alltagserfahrungen von Mädchen und Jungen – der Frage nachzugehen, was Kinder in öffentlichen Freiräumen und im Straßenraum lernen. Dabei beschäftigte sie sich ausschließlich mit Kindern im Alter von 9-11 Jahren, den sogenannten ›Lückekindern‹. Gerade in dieser Altersspanne fallen die Kinder in eine ›Betreuungslücke‹: sie sind zu alt für Schülerläden oder Horte und zu jung für

[27] Wuppertal Institut für Klima, Umwelt, Energie GmbH: Verbesserung der Mobilitätschancen und der Beteiligung von Frauen. Wuppertal, 1994

Jugendeinrichtungen. In dieser Zeit sind die Mädchen und Jungen auf ihre eigene Handlungskompetenz angewiesen und es öffnet sich so die Möglichkeit den öffentlichen Raum zu erobern.

AHREND stellt dabei fest, dass Mädchen zwar einen kleineren Aktionsradius als Jungen haben, aber die Handlungsfähigkeit im öffentlichen Raum ausgeprägter ist, als die der Jungen (ebd., S. 208). »Sie (die Jungen, Anm. N.M.) erschlossen sich die öffentlichen Räume der Erwachsenen, ohne dass sich Handlungen oder Kontakte ergaben. Sie blieben in der Rolle der Beobachter. Eine Gruppe von Mädchen dieser Klasse benutzte dagegen Erwachsene in Straßen und auf Plätzen für Mutproben oder knüpften sie in Rollenspiele ein« (ebd.). Dieses Ergebnis soll aber nicht dahingehend interpretiert werden, dass nun die Mädchen als raumkompetenter gesehen werden. Vielmehr geht es den Autorinnen darum, dass Kinder und Jugendliche nicht mehr länger als homogene Gruppe wahrgenommen werden, d.h. LÖW zufolge, dass sich die Geschlechter unterschiedliche Aspekte der Konstitution von Raum aneignen (LÖW, 2001, S. 253). Den »typisch raumgreifenden« Jungen und das »typisch zurückgezogenen« Mädchen gibt es heute nicht mehr.

Mit älteren Jugendlichen beschäftigte sich Birgit BÜTOW in ihrer Untersuchung über Jugendcliquen (2001, S. 48ff). Sie untersuchte Mädchen und Jungen in Cliquen einer städtischen Region[28] mit Hilfe von qualitativen Methoden. BÜTOWS Vorgehensweise ist eine Möglichkeit, um die Aneignung und Nutzung städtischer Räume durch Mädchen zu betrachten: Mädchen in Cliquen zusammenzufassen hat den Vorteil, dass genauere Aussagen über den Aufenthalt von Mädchen in Räumen getroffen werden können. Die Eroberung von öffentlichen Räumen geschieht im Schutz von Gleichaltrigen, also im Schutz von Cliquen. So unterscheidet BÜTOW zwischen sechs verschiedenen Typen von Cliquen in der untersuchten Region:

1. *Gemischtgeschlechtliche Clique*: Hier treffen sich Jugendliche (14-15 Jährige) an einem ganz bestimmten Ort, der sich in der Nähe von zwei Schulen befindet. Die Mitglieder der Clique wechseln, sie versteht sich als offener Treffpunkt. Der angeeignete Ort hat dabei eine zentrale Bedeutung, die Jugendlichen treffen sich hier nicht, weil sie ein kollektives Interesse

[28] Es handelt sich dabei um eine ostdeutsche Stadt. BÜTOWS Studie hat keinen repräsentativen Charakter, doch sind ist sie für dieses Kapitel wichtig.

verfolgen, sondern vielmehr um einen Platz für sich zu erobern. Frau/man trifft sich eben. Gerade für Mädchen bieten solche Rahmenbedingungen Möglichkeiten für selbständiges Handeln und Tun ohne elterliche Kontrolle.

2. *Gemischtgeschlechtliche stilorientierte Clique*: Auch hier lässt sich eine Sozialraumverortung beobachten. Die meist älteren Jugendlichen treffen sich an einem öffentlichen Platz, gemeinsam ist ihnen das Trinken von Alkohol[29] in der Öffentlichkeit. Charakteristisch für die Mädchen und Jungen ist, dass ihr Äußeres durch einen jugendkulturellen Stil bestimmt ist (z.B. Punks, Gothics). Die Gruppe jedoch ist heterogen und offen gegenüber neu Dazukommenden. BÜTOW sieht in dieser losen Clique ein »Auffangbecken für gescheiterte Normalbiographien«. Im Hinblick auf die Raumaneignung kann gesagt werden, dass der gewählte Ort weit mehr ist als bloßer Treffpunkt. Er ist ein sozialer Raum für die Jugendlichen, der an neu Dazukommende weitergegeben wird, er wird sozusagen zu einer Tradition. Mädchen sind gleichwertige Mitglieder dieser Gruppe, sie werden nicht als »Anhängsel« wahrgenommen.

3. *Institutionalisierte Clique*: Die nächste Clique, die BÜTOW beschreibt, ist eine relativ große Gruppe von Jugendlichen, die sich an einem öffentlichen, institutionellen Ort treffen, nämlich in einem Jugendclub. Das »Herumhängen« in der Öffentlichkeit (Straße, öffentliche Plätze) wird von diesen Mädchen negativ dargestellt und auch abgelehnt. Deshalb halten sie sich im Schutz der Clique in öffentlichen, institutionellen Räumen auf. Auch hier interpretiert BÜTOW die Rolle der Mädchen nicht als »Anhängsel« von Jungen. Doch möchte ich hier darauf hinweisen, dass gerade Bedürfnisse von Mädchen in gemischten Jugendeinrichtungen vernachlässigt werden. Mädchen gruppieren sich hier um die von Jungen besetzten Tischfußball- oder Billardtische, die Einrichtung von Jugendclubs ist eher an männlichen Interessen orientiert. Oft bleibt den Mädchen »nur« das WC, wo sie ungestört über Aussehen, Kleidung, Jungs, etc. sprechen können. Nur dort können sie

[29] An dieser Stelle möchte ich darauf hinweisen, dass das Trinken von Alkohol in der Öffentlichkeit in Deutschland (laut dem Allgemeinen Sicherheits- und Ordnungsgesetz) gesetzlich verboten wurde. Die strikte Auslegung des Gesetzes bedeutet für die Jugendliche nicht nur eine Wegnahme ihres Sozialraumes, sondern in vielen Fällen auch eine strafgesetzliche Verfolgung.

›typische Mädchengespräche‹ führen. BÜTOW betont jedoch, dass sich Mädchen im Schutz der gemischtgeschlechtlichen Clique einen Sozialraum aneignen können, der eine wichtige Chance zur Entwicklung eigener Wert- und Präferenzsysteme gibt. Der Umgang mit dem eigenen bzw. dem anderen Geschlecht, sowie die Entwicklung einer eigenen Identität wird hier gefördert. Auch sieht sie für die Mädchen darin die Möglichkeit, fern von elterlicher Kontrolle autonom und selbständig zu handeln und zu entscheiden.

4. *Mädchencliquen*: Mädchen halten sich auch in reinen Mädchencliquen auf. BÜTOW traf in ihrer Untersuchung auf zwei Typen von Mädchencliquen: erstere ist eine Gruppe von gleichaltrigen Freundinnen, die zweite Gruppe sind Mädchen, die sich der Mädchen- bzw. Frauenszene zugehörig fühlen. Die erste Gruppe definiert sich stark über ihre Freundschaftsbeziehungen. Ihre Aktivitäten sind nicht an einen Ort gebunden, sie treffen sich vielmehr an verschiedenen Orten (Mädchentreff, Einkaufszentren, Kinos, etc.). Die Mädchen verbringen gerne ihre Zeit miteinander, Jungen spielen (noch) keine Rolle. Sie fühlen sich dadurch einander verbunden und zugehörig. Das vermittelt ihnen ein positives Selbstwertgefühl und trägt zur weiblichen Identitätsbildung bei. Sie lehnen die sexuellen Anmachen ab, denen sie in der Öffentlichkeit ausgesetzt sind. Die zweite Gruppe entstand durch ein gemeinsames Interesse: das Theaterspielen. Hier behandeln sie Themen, wie Geschlechterrollen oder sexuelle Identität. Die Mädchen nähern sich durch die Theaterarbeit aneinander an und halten so zusammen. Sie treffen sich in einer Mädcheneinrichtung, die für sie ein Schutzraum vor Jungen und Männern darstellt. Hier können die Mädchen Dinge ohne männliche Beurteilung ausprobieren. Sie können so sein, wie sie wollen und schenken sich gegenseitig Anerkennung für das was sie tun.

5. *Jungendominierte Cliquen*: Hier bewegen sich Mädchen vorwiegend als ›passive Randfiguren‹. Es handelt sich dabei um Gruppen, die stilorientiert und klar strukturiert sind. Es sind jungendominierte Cliquen, in denen Mädchen ausgeschlossen und abgewertet werden. BÜTOW (ebd., S. 55f) schildert den Fall eines Mädchens, die Anschluss zu einer Skater-Gruppe suchte. Das Mädchen machte die schmerzliche Erfahrung, dass sie bei den (Skater-) Jungs nichts zu suchen hatte. Auch STEINMEIER (1993, S. 170f)

> weist darauf hin, dass Mädchen in jugendominierten Szenen kaum eine Chance haben, da sie von den Jungen nicht ernst genommen werden. Wenn ein Mädchen den Versuch unternimmt zu skaten und es nicht von vornherein beherrscht (wie es anfangs bei allen Sportarten ist), dann ist sie in den Augen der Jungen »zu blöd« dazu. Sie ist ja »nur« ein Mädchen. Ein Junge hingegen, der es ebenfalls noch nicht so gut kann, wird akzeptiert.

Ähnliche Aussagen habe ich auch in meinen Interviews gefunden: Mädchen, die sich im Graffiti ausprobieren wollen, müssen Abwertung und Ablehnung von Jungen in Kauf nehmen. Doch sind sie (wie auch Jungen) auf Bestätigung und Anerkennung angewiesen. Denn ständig angefeindet zu werden, bringt nur wenig Selbstwertgefühl. Die Mädchen geben dadurch schnell auf und begnügen sich mit der Rolle der Zuseherin und Aufpasserin (z.B. bei nächtlichen illegalen Sprühaktionen). BÜTOW (ebd., S. 56) erklärt sich die Ausgrenzung von Mädchen in jungendominierten Szenen folgendermaßen:

> »Die Versuche, sich in einem männlichen Terrain mit männlichen Aktivitäten als Mädchen zu bewegen, (scheitern) vermutlich insbesondere durch die spezifische Funktion, die die männliche Skater-Clique für die männliche Sozialisation hat. Diesen Enklaven-Charakter konnten und können die Skater deshalb aufrechterhalten, weil sie selbst eine deutliche Hierarchie und ein starkes Wir-Gefühl haben, das an den Führungspersonen festgemacht wird...«

Ich möchte in diesem Zusammenhang betonen, dass dieser »Enklaven-Charakter« verstärkt wird durch die (Jugend-) Kultur, denen Skater oder Writer angehören: Die HipHop Szene ist ein männliches Terrain, wo Frauen und Mädchen oft als ›Bitches‹[30] abgewertet werden. Anerkennung und männliche Zuwendung erhalten die Mädchen nur, wenn sich Mädchen aus den männlichen Angelegenheiten und Tätigkeiten heraushalten.

BÜTOW zieht folgende Bilanz: In den von ihr untersuchten unstrukturierten Peer-Groups können Mädchen relativ frei mit Geschlechterrollen experimentieren und auch selbstbestimmt agieren. Jedoch wird vorwiegend an tradierten Weiblichkeitsrollen festgehalten. Auch in stilorientierten Gruppen, wo Jungen das Sagen haben, zeigt sich keine Veränderung von Weiblichkeit. Es kann sogar eine Verstärkung von männlichen Verhaltensweisen durch die Akzeptanz seitens der

---

[30] Slang, übersetzt etwa ›Schlampe‹

Mädchen beobachtet werden. Jedoch sind die Chancen und Möglichkeiten für Mädchen und junge Frauen im öffentlichen Raum hoch. BÜTOW konnte in ihrer Studie bereits ein hohes Maß an weiblicher Autonomie feststellen.

## 4.3 RAUMEINSCHRÄNKUNGEN

Mädchen erleben Einschränkungen in ihrem räumlichen Verhalten. In der Literatur werden unterschiedliche Gründe dafür genannt. Eine der Hauptursachen sehen viele AutorInnen in der weiblichen Sozialisation. Mädchen werden stärker an ihr Elternhaus gebunden als Jungen. Im Folgenden werden die meist genannten Gründe unterschiedlichen räumlichen Verhaltens zwischen Mädchen und Jungen anhand empirischer Ergebnisse beschrieben:

***a) Mädchen und Mithilfe im Haushalt***

Mädchen müssen mehr im Haushalt mithelfen als Jungen. In einer Studie vom Deutschen Jugendinstitut (1992) gaben 43% der Mädchen und 27% der Jungen an, täglich bis einmal in der Woche Hausarbeiten erledigen zu müssen. Mädchen müssen dabei vor allem die Tätigkeiten ausführen, die an die Wohnung, bzw. an die Küche gebunden sind: putzen, Geschirr abwaschen, Tisch decken (vgl. NISSEN, 1990, S. 155). Dasselbe Ergebnis erzielte RAUSCHENBACH (1990). In ihrer Untersuchung bejahten 32,5% der Mädchen die Frage nach Erfüllung von Pflichten im Haushalt (im Gegensatz dazu nur 21,9% der Jungen). Mädchen könnten deshalb nicht ohne weiteres ihren Aktionsradius vergrößern, da von ihnen erwartet wird, dass sie sich angepasst verhalten (KUSTOR-HÜTTL, 1993, S. 185). Außerdem investieren Mädchen auch mehr Zeit in ihre Hausaufgaben. Im Großen und Ganzen kann gesagt werden, dass Mädchen mehr Zeit zu Hause verbringen, was wiederum dazu führt, dass sie sich weniger im öffentlichen Freiraum aufhalten.

### *b) Mädchen und sexuelle Bedrohung*

Ein weiterer Grund für die Unterpräsentation von Mädchen im öffentlichen Raum ist die Angst der Eltern vor sexueller Belästigung und sexuellen Übergriffen gegen ihre Töchter. Damit verbunden sind meist Verbote bestimmter Orte, z.B. bestimmte Parks oder Wälder (vgl. NISSEN, 1990, S. 155). Eltern von Mädchen sprechen diese Verbote fast doppelt so oft aus, wie Eltern von Jungen (NISSEN, 1992, S. 154). Das gilt vor allem für Orte wie Wald, Feld oder Kinderspielplatz (!). Je älter die Mädchen werden, desto mehr Verbote sprechen die Eltern aus. Bei 11-12jährigen Mädchen sind dies 48%, bei den Jungen 18%. Die Angst der Eltern überträgt sich auf das Befinden ihrer Kinder: 41% der Mädchen nannten Angst als Grund, warum sie nicht im Park oder Wald spielen, während aber nur 24% der Jungen dies als Grund angaben.

An dieser Stelle ist darauf hinzuweisen, dass sexuelle Gewalt und Bedrohung überwiegend im privaten Raum verübt wird. Mit 94% gehören die Täter dem engsten Familien- und Verwandtschaftskreis an (vgl. KUSTOR-HÜTTL, 1993). Die Gefahr im öffentlichen Raum ist zwar da, wird jedoch überbewertet. Auch die mediale Aufmerksamkeit ist eine einseitige. Bei Jungen nimmt der Aufenthalt in öffentlichen Räumen zwischen dem 8. und 12. Lebensjahr zu, während das bei Mädchen nur bis zum 11. Lebensjahr der Fall ist. Danach stagniert die Zahl und nimmt sogar ab. SPITTHÖVER (1989) meint dazu: »Eine Erklärung hierfür dürfte auch darin liegen, dass im Zuge zunehmender sexueller Reifung insbesondere die jugendlichen Mädchen stärkerer elterlicher Kontrolle und Reglementierung ausgesetzt sind und die Mädchen sich selbst in Folge ihres neuen Status als ›Sexualobjekt‹ defensiver im öffentlichen Raum bewegen« (zit. nach NISSEN, 1990, S. 155). Ein 14jähriges Mädchen meint dazu: »Ja, wenn man da (Stadtpark, Anm. N.M.) alleine ist, guckt man so in alle Richtungen, ob da jemand ist, also lieber mach ich Umwege, als durch den Stadtpark zu gehen« (zit. in SCHÖN, 1999, S. 55). SCHÖN (ebd., S. 61) resümiert zu den Raumerfahrungen von 13-15jährigen Mädchen:

> »Gefragt nach ›Wohlfühlräumen‹ thematisiert diese Altersgruppe zunächst spontan ›Innenräume‹. Hauptschülerinnen, die sich bis zum 12./13. Lebensjahr noch selbstbewusst Außenräume angeeignet haben, reflektieren in den Gesprächen erfahrene männliche Dominanz in öffentlichen Räumen. In einem letzten Diskurs [...] reflektieren die Mädchen selbst nochmals erlebte Gewalterfahrungen in Außenräumen und resümieren für sich, dass sie – in

Anbetracht ihres Erfahrungshorizontes – lieber in Innenräumen verweilen als sich in Außenräumen andauernden männlichen Machtdemonstrationen ausgesetzt zu sehen. Hier zeichnet sich die unauffällige Einübung in ein Strukturmoment der Geschlechterhierarchie ab, die Beschränkung der Mädchen auf ›Innenräume‹ und der Verlust an Raum einnehmenden und aneignenden Möglichkeiten.«

### *c) Mädchen und institutionalisierte Freizeitangebote*

Mädchen nutzen häufiger institutionalisierte Freizeitangebote als Jungen (NISSEN, 1990 fortlaufend). 96% aller Mädchen der oberen Mittelschicht besuchen institutionelle Freizeitangebote, gegenüber 70% der Jungen der unteren Mittelschicht (NISSEN, 1992, S. 159). Hier zeigt sich ein Unterschied der verschiedenen sozialen Schichten: Es sind insgesamt mehr Mädchen (und auch Jungen) aus der oberen Mittel- und Oberschicht die derartige Angebote wahrnehmen, was sicher auch mit den verbundenen Kurskosten zusammenhängt. NISSEN (ebd., S. 161) resümiert: »Das Freizeitverhalten der Kinder zeigt also eine deutliche Polarisierung. Während die Mädchen sich überwiegend und häufig an mehreren musisch-kreativen Angeboten beteiligen, nehmen die Jungen überwiegend nur ein Sportangebot wahr. In erster Linie handelt es sich dabei um Fußballvereine«.

Nach dem Interesse und den Freizeitwünschen von Mädchen fragte LEDIG (1992, S. 62) Anfang der 90er Jahre. Mädchen nannten dabei, genauso wie Jungen, raumgreifende Aktivitäten in öffentlichen Freiräumen (Radfahren, Rollschuhfahren, Reiten, etc.), auch wenn sie diese kaum oder gar nicht realisierten. Wir bereits in einem anderen Zusammenhang erwähnt, haben sich auch die räumlichen Gewohntheiten der Mädchen und jungen Frauen, meiner Meinung nach, verändert. Sie gehen ihren Interessen auch vermehrt draußen nach. Die offizielle Jugendarbeit berücksichtigt diese Veränderung im räumlichen Verhalten der Mädchen bislang kaum. Noch immer gehen die Mädchen zu den ›geborgenen‹ Orten der jeweiligen Jugendarbeit, die Mädchenarbeit sucht ihr Klientel nicht draußen auf (wie sie es bei Jungencliquen bereits tut). In diesem Sinne hinkt die institutionalisierte Betreuung den (positiven) Veränderungen hinterher, unter anderem auch aufgrund der weitverbreiteten Akzeptanz bestehender geschlechtspezifischer Strukturen als unveränderliche.

### *d) Mädchen und eingeschränkter Körperraum*

SCHEFFEL und SOBIECH (1991) zufolge erleben Mädchen auch Einschränkungen in ihrem persönlichen Körper- und Bewegungsraum. Mädchen lernen schon relativ früh, wie sie mit ihrem Körper umgehen müssen. Sie lernen sich klein und schmal zu machen, wenig Raum in Anspruch zu nehmen (ebd., S. 33). Ebenso wird ihnen für sie unangemessenes Verhalten vermittelt: Raufen und Klettern auf Bäumen wäre nichts für Mädchen. Der Körperraum von Mädchen zeigt sich in eng zusammengehaltenen Beinen, nach innen gestellten Füßen und eng am Körper gehaltenen Armen (WEX, 1979, zit. nach ebd.). Durch ›weibliche‹ Kleidung würde die eigene körperliche Ausdrucks- und Bewegungsfreiheit auch auf ein Mindestmaß reduziert werden (ebd.).

An dieser Stelle soll jedoch festgehalten werden, dass Mädchen heutzutage wesentlich gleichberechtigter erzogen werden, auch in der Mode ist es zu einer Angleichung zwischen den Geschlechtern gekommen. Dennoch erleben Mädchen und Frauen auch heute noch Einschränkungen in ihrem Körperraum.

### *e) Mädchen und andere räumliche Einschränkungen*

Wie bereits einleitend festgestellt wurde, halten sich Mädchen weniger ›draußen‹ auf als Jungen. Das heißt, dass sie ihre Freizeit mehr ›drinnen‹, also in privaten und institutionalisierten Innenräumen, verbringen. Dennoch verfügen Mädchen seltener über ein eigenes Zimmer als Jungen. Sie haben dadurch weniger die Möglichkeit sich zurückzuziehen und auch keine eigenen Gestaltungsräume (KUSTOR, 1996, S. 33f). Das sind 71% der Mädchen (und dem gegenüber 85% der Jungen). Eine weitere Einschränkung des räumlichen Aktionsradius erfahren Mädchen, indem sie abends früher zu Hause sein müssen. Sie haben im Durchschnitt eine dreiviertel Stunde weniger Zeit als Jungen, draußen zu spielen (ebd., S. 34).

Traditionelle Spiele von Mädchen entstanden in Zusammenhang mit beschränktem Raum, im Gegenzug schränken die raumgebundenen Spiele die Mädchen heute ein: Die Freizeitaktivitäten von Mädchen finden oft an einem Ort oder Platz statt. ROSE (1992, S. 118) weist auf die Standortgebundenheit von Mädchenspielen hin (Seil- und Figurenhüpfen, Gummitwist, etc.). Jungen werden eher raumgreifende Spiele gelehrt (Drachensteigen, Bandenspiele, Räuber und Gendarm, etc.). Eine Ausnahme bildet das Reiten, als eine besonders beliebte Freizeitaktivität unter Mädchen: Das Pferd kann einerseits mütterlich gepflegt und gehegt werden, andererseits muss es von der Reiterin auch kontrolliert werden. »Das Pferd als treuer Freund – als starker Partner auf dessen Rücken die Mädchen sich sicher und geschützt durch die Landschaft bewegen können und sich (dadurch) Raum aneignen (können)« (KUSTOR, 1996, S. 186).

ROSE (1992, S. 14) dazu weiter: »Als Reiterin bewältigt das Mädchen nicht nur anspruchsvolle und risikoreiche Bewegungssituationen, es erweist sich auch als mutige und gewandte Herrscherin über ein mächtiges Wesen. Im Bündnis mit dem Pferd weitet sich die Welt für das Mädchen« (zit. nach NISSEN, 1998, S. 188).

## 4.4 Mobilität

Kinder und Jugendliche wachsen heutzutage in einer bewegten Welt auf. Durch Handy, Internet und Co, aber auch durch private und öffentliche Verkehrsmittel werden Grenzen verwischt und immer weniger erfahrbar. Die Menschen haben es nicht mehr mit konkreten Orten zu tun. Raum und Zeit bilden keine fixen Punkte mehr im Lebensalltag von Frauen und Männern (vgl. TULLY/SCHULZ, 2001, S. 55). Kinder und Jugendliche werden von ihren Eltern von einer Insel zur nächsten gebracht, oder sie bewegen sich selbst fort. Die Größe der kindlichen Aktionsradien hängt also in hohem Maße mit Mobilität zusammen.

Die wichtigsten Transportmittel der 8-12jährigen Kinder sind immer noch die Beine und das Fahrrad (vgl. NISSEN, 1992, S. 155). 42% der Wege, die Kinder zu unterschiedlichsten Orten (Freundin oder Freund, Freizeiteinrichtung, Schule) zurücklegen, werden zu Fuß gemacht. 28% der Kinder fahren dabei mit dem Fahrrad und 21% der Kinder werden mit dem Auto der Eltern transportiert. Nur in 8% der Fälle wird ein öffentliches Verkehrsmittel benutzt (ebd.).

Auch hier lassen sich geschlechtsspezifische Unterschiede feststellen: Besonders deutlich ist der Unterschied beim Gebrauch des Fahrrads. Mädchen benutzen seltener das Rad als Jungen. Sie gehen häufiger zu Fuß. So lässt sich beispielsweise auch der engere Aktionsradius von Mädchen erklären: Wenn Mädchen häufiger zu Fuß gehen, sind sie weniger gut in der Lage, entferntere Orte zu erreichen (vgl.

RAUSCHENBACH, 1990; KUSTOR, 1996). Wenn Mädchen zu Fuß unterwegs sind, sind sie das seltener alleine, sie sind in Begleitung von Erwachsenen, während Jungen häufiger alleine oder mit anderen Kindern mobil sind.

Auch das Alter spielt hinsichtlich der Mobilitätserfahrungen und -entwicklungen eine bedeutende Rolle. Mädchen und Jungen im Vorschulalter benutzen das Fahrrad beispielsweise gleichermaßen, während bei Jungen die Mobilität mit zunehmendem Alter immer wichtiger wird. Ein 8jähriger Junge fährt öfter mit dem Fahrrad als ein 12jähriges Mädchen (RAUSCHENBACH, 1993, S. 156). Mit Beginn der Pubertät verliert das Fahrrad jedoch seine Bedeutung – auch für Jungen. 18-21 jährige Jugendliche benutzen das Fahrrad kaum noch (TULLY/SCHULZ, 2001, S. 52).

Das Auto gewinnt mit dem Beginn des 18. Lebensjahres an Bedeutung. Dabei wird ein weiterer geschlechtsspezifischer Unterschied sichtbar: Mehr junge Männer interessieren sich für Autos (80%), während nur 20% der Autofans weiblich sind (ebd.). Gerade in ländlichen Regionen empfinden Jugendliche ihre räumlichen Möglichkeiten als unbefriedigend, der Wunsch nach einem eigenen Auto oder Motorrad steigt. Öffentliche Verkehrsmittel zu benutzen, zu Fuß zu gehen oder mit dem Fahrrad zu fahren wird von den Jugendlichen weitgehend abgelehnt.

## 4.5 Zusammenfassung

Das Kapitel »Raumaneignung von Mädchen« stützt sich hauptsächlich auf empirische Forschungsergebnisse. An dieser Stelle soll es nicht zu einer erneuten Aufzählung der Ergebnisse kommen. Die Autorinnen der beschriebenen Untersuchungen gehen im Wesentlichen davon aus, dass Mädchen den öffentlichen Freiraum weniger nutzen als Jungen. Die Gründe dafür liegen nicht nur in der Sozialisation und Erziehung von Mädchen, auch äußere Bedingungen spielen dabei eine Rolle. FLADE (1993), RAUSCHENBACH (1993) und KUSTOR (1996) gelangen beispielsweise zu dem Ergebnis, dass der öffentliche Raum für Mädchen nur selten attraktiv ist. Ich möchte hier schon andeuten, dass sich dies in meiner Untersuchung nicht bestätigen lässt. Mädchen aus der Graffiti-Szene agieren stark raumergreifend.

Dennoch nutzen Mädchen den öffentlichen Raum seltener als Spiel-, Aufenthalts- und Erlebnisort. Eine ganzheitliche Raumaneignung ist daher nicht möglich. Hier besteht ein Handlungsbedarf, besonders auf Seiten der Stadt- und Spielraumplanung, sowie der Jugendarbeit bzw. der Mädchenarbeit (vgl. PASSARGE/ROSE/STIBANE, 1996, S. 180). STEINMEIER (1996, S. 176f) zufolge, fehlt es an Spiel- und Aufenthaltsflächen im Allgemeinen (innerstädtische Streifräume, naturnahe Erlebnisräume, bespielbares Wohnumfeld und Gemeinschaftsräume) und mädchenspezifischen Angeboten im Besonderen. In Mädcheneinrichtungen können Mädchen mit Hilfe von Pädagoginnen in einem »Schonraum« (ebd.) Räume für sich entdecken und Verhaltensweisen ausprobieren. Mädchen werden so zu unspezifischem Rollenverhalten ermuntert. Durch verschiedene Aktionen können sich Mädchen beispielsweise über die Medien Öffentlichkeit schaffen. So könnte eine »Mädchenöffentlichkeit« hergestellt werden, die Bedürfnisse von Mädchen öffentlich thematisiert und einfordert.

# 5 Straßensozialisation. Zur Bedeutung von Straße in Kindheit und Jugend

Jürgen ZINNECKER (1979) hat zum ersten Mal innerhalb der deutschsprachigen erziehungswissenschaftlichen Diskussion auf die Bedeutung von »Straße« hingewiesen[31]. »Straße« wäre jedoch weitaus mehr als nur Verkehrsstraße, der Begriff beinhaltet Orte wie Plätze, Grünanlagen, Warenhäuser oder Kneipen. »Straße ist also nicht lediglich der Verkehrsraum unter freiem Himmel. Sondern umfasst die angrenzenden Räume und Gebäude mit, die öffentlichen Aufgaben dienen oder auch einfach öffentlich zugänglich sind. Straße und städtische Öffentlichkeit fallen gewissermaßen ineins« (ebd., S. 727f). Für ZINNECKER hat der Straßenraum einen durchaus ambivalenten Charakter: einerseits stellt er ein gegenpädagogisches Milieu dar, wo »Kinder und Jugendliche ins Verderben gestürzt werden«, andererseits ist er ein gesellschaftlicher Lernort, von dem pädagogische Impulse ausgehen (ebd., S. 728). Der Straßenraum wäre somit eine wichtige Sozialisationsinstanz: »Keine Altersgruppe benutzt diesen gesellschaftlichen Raum so viel und so intensiv, wie dies die Sechs- bis Achtzehnjährigen tun; und was die Kinder und Jugendlichen an diesem Ort alles lernen, lässt sich in seiner Bedeutung durchaus den Lernorten ›Schule‹ oder ›Familie‹ gleichsetzen.« (ZINNECKER, 1997, S. 93)

ZINNECKER (1979) prägte außerdem den Begriff des »Straßenkindes«. Um 1900 waren Straßenkinder vor allem Kinder und Jugendliche der Arbeiterklasse. Das Leben von proletarischen Kindern war durch kleine und enge Wohnverhältnisse bestimmt, wodurch die Kinder ihren Raum zum Spielen auf der Straße suchten. Somit wurden Quartiersstraßen, Innenhöfe, Hausflure oder andere öffentliche Plätze zu Orten kindlicher Sozialisation und kindlichen Lebens (vgl. ZINNECKER, 1990, S. 151). Auch HERLYN (1990a, S. 119) macht dieselbe Beobachtung: Kinder aus ArbeiterInnenfamilien halten sich häufiger auf der Straße auf als Kinder von Eltern anderer Sozialschichten. ZINNECKER (1990) betont die Qualität dieser Lernorte,

---

[31] Es handelt sich dabei um den Artikel: Straßensozialisation. Versuch, einen unterschätzten Lernort zu thematisieren In: Zeitschrift für Pädagogik. 25 (1979), H. 5, S. 727-746. ZINNECKER hat damit die Auseinandersetzung der nachfolgenden Jahre (bis zum heutigen Datum) mit dem Thema beeinflusst. Noch heute werden seine Ausführungen zitiert.

die im Laufe des 20. Jahrhunderts durch den Trend zur Verhäuslichung verloren gingn (vgl. dazu auch Kapitel 6.2). Es sind jedoch nicht nur schichtspezifische Faktoren hinsichtlich des Aufenthalts auf Straßen zu beobachten: Der Straßenraum wäre Jungen besser zugänglich als Mädchen (ZINNECKER, 1979, S. 733): »Die Erziehung der Mädchen betont nach wie vor die Bindung an die Familie, an intime und sozial gut kontrollierte Lebensräume. Sowohl verinnerlichte Abhängigkeiten als auch äußere (Arbeits-)Zwänge im Haushalt binden Mädchen tendenziell stärker als Jungen an die familiale Lebenswelt« (ebd.).

Wenn Mädchen auf der Straße zu verorten sind, dann verfolgen sie meist ein bestimmtes Ziel: sie gehen einkaufen, holen jüngere Geschwister vom Kindergarten/Schule ab, legen ihre Wege zweckgerichtet zurück. Sie streifen seltener umher oder erkunden weniger oft ihre Wohnumwelt, ohne ihr Ziel zu wissen. Mädchen würden auch häufiger von Erwachsenen begleitet als Jungen. Warum Mädchen weniger im öffentlichen Straßenraum anzutreffen sind, hat vielerlei Gründe (vgl. Kapitel 4.3). An dieser Stelle möchte ich jedoch den Einfluss der Eltern (besonders Mütter) betonen. ZINNECKER (2001, S. 140) veranschaulicht dies in zwei Ausschnitten von Interviews mit Müttern:

Über einen Sohn: »*Ich verbiet' ihm überhaupt nix. Ein Kind muss seine Erfahrung sammeln.*«

Über eine Tochter: »*...zum Straßenkind möchte ich sie ja nicht erziehen, dass sie da auf der Straße rumtollt.*«

Besonders Mütter geben ihre Angst vor dem Straßenraum, die Angst vor einem ungeschützten öffentlichen Ort, das Ausgeliefertsein vor Fremden, an ihre Töchter weiter. Bei Jungen ist das anders: Jungen, die Angst vor ›draußen‹ haben, gelten als keine ›richtigen‹ Jungen. Mütter geben zwar die Gefahren der Straße beiden Geschlechtern gleich weiter, jedoch werden die Mädchen stärker behütet als die Jungen. Gefahren der Straßen stehen außerdem eng in Verbindung mit Gefahren sexueller Gewalttaten. Der ›böse Mann‹ wird dabei zum Angstobjekt. Mädchen werden dabei als gefährdeter betrachtet als Jungen. Einerseits stehen körperliche Unversehrtheit und unversehrte Identität als Frau auf dem Spiel.

Andererseits verfügen Mädchen, die sich kaum im Straßenraum aufhalten, über ein geringeres Wissen, was im Fall von Gefahr zu tun ist (vgl. ebd.). Nicht ohne Grund ist eines der Hauptanliegen der Frauenbewegung die Eroberung des Straßenraumes.

Wenn heute von ›Straßenkindern‹ die Rede ist, dann denkt frau/man an Kinder, die in den Metropolen Lateinamerikas leben. Hierzulande sind ›Straßenkinder‹ meist keine Kinder, es sind vielmehr Jugendliche oder junge Erwachsene. Straße stellt ihren Lebensmittelpunkt dar. Es wird von Bahnhofskindern, AusreißerInnen, obdachlosen jungen Menschen oder TrebegängerInnen gesprochen (vgl. PERMIEN/ZINK, 1998, S. 14f). Dabei bevorzugen die beiden Autorinnen die Bezeichnung »Straßenkarrieren«, wo die einzelnen Lebensläufe im Mittelpunkt stehen. Außerdem wird dadurch der Prozesscharakter der Straßenproblematik in den Vordergrund gerückt (ebd., S. 24).

Durch die räumlichen Veränderungsprozesse von Verinselung und Verhäuslichung kann heutzutage kaum noch von ›Straßensozialisation‹ im Sinne ZINNECKERS gesprochen werden. Kinder, die sich vorwiegend auf der Straße aufhalten sind meist »Kinder aus Hochhaussiedlungen oder Kinder unterer Schichten« (vgl. RAUSCHENBACH, 1990, S. 172). Da zu Hause meist zu wenig Platz ist, verbringen diese Kinder ihre Freizeit vorwiegend draußen. Michael EMMENEGGER (1996) untersuchte das sozialräumliche Verhalten von jugendlichen MigrantInnen in Basel (Schweiz) und ist dadurch zu folgendem Ergebnis gekommen: Jugendliche MigrantInnen nutzen in einem großen Ausmaß Plätze und Orte, die draußen sind. Als beliebteste Orte gelten Grünanlagen und Parkanlagen, die die einzigen frei zugänglichen Grünflächen in ihrer Wohnumgebung sind, in denen ohne Sprach- und Verständigungsprobleme ein Aufenthalt möglich ist (ebd., S. 5).

Daneben wird »Spazieren« als weitere Freizeittätigkeit angegeben. Damit ist nicht nur das »Herumstreifen« in der Stadt gemeint, sondern ebenfalls mit FreundInnen herumstehen und reden, in den Park gehen oder mit dem Fahrrad fahren.

Dennoch fehlt es jugendlichen MigrantInnen an Orten und Plätzen, wo sie sich treffen können. Es werden vertraute Räume (sowohl öffentliche, als auch private) und Freundinnen und Freunde vermisst. Es fehlt den Jugendlichen also an Identifikationsbereichen (ebd.). Mädchen halten sich vermehrt zu Hause auf, da sie im stärkeren Maße als Jungen im Haushalt und in der Aufsicht von jüngeren

Geschwistern mithelfen müssen. Der öffentliche Raum bleibt ihnen oft verwehrt. Gerade Mädchen haben dann Probleme, Freundschaften außerhalb von Schule und Familie zu knüpfen.

Zusammenfassend betrachtet hat der Straßenraum noch immer eine große Bedeutung für Kinder und Jugendliche. Gerade durch den Zuzug von MigrantInnen und deren Kinder gewinnt der ›Straßenbegriff‹ heute an Aktualität. Somit kann noch von einer Sozialisationsfunktion der ›Straße‹ gesprochen werden.

# 6 Veränderungsprozesse in Alltagsmustern von Kindern und Jugendlichen

Die räumlichen Veränderungen im Alltag von Kindern und Jugendlichen werden in der erziehungs- und sozialwissenschaftlichen Literatur mit den Schlagworten ›Verinselung‹, ›Verhäuslichung‹ und ›Institutionalisierung‹ beschrieben. Verinselung der kindlichen Räume und Verhäuslichung der Kindheit sind als Folge von Spezialisierung städtischer Räume zu betrachten.

## 6.1 Verinselung

Die Orte und Räume der Kinder sind im zwanzigsten Jahrhundert zunehmend institutionalisiert und spezialisiert worden. Kinder verbringen heute sehr viel Zeit in speziellen Räumen, in Schulen, Horten, Freizeiteinrichtungen, Kinder- und Jugendclubs, usw. Dabei ist genau bestimmt, was Kinder an diesen Orten tun sollen (vgl. ZEIHER, 1999, S. 51).

Besonders in den 60er und 70er Jahren entstanden sehr viele neue Wohnformen, wie beispielsweise Hochhaussiedlungen am Stadtrand. Die Wohnumgebung von Kindern und Jugendlichen war relativ anregungsarm: Baulücken verschwanden zugunsten neuer Parkplätze, Park- und Rasenanlagen bekamen die Funktion von Ziergärten und durften nicht betreten werden, der private und öffentliche Straßenverkehr nahm zu (vgl. ZEIHER, 1994a, S. 356; LEDIG/NISSEN, 1987, S. 13). Zudem fand zu dieser Zeit eine starke Trennung der erwachsenen Lebensbereiche von den kindlichen statt. Es entstanden nicht nur neue spezielle Räume für Kinder wie Spielplätze, Sportanlagen, Freizeithäuser, etc., sondern Erziehung wurde »neu interpretiert« (ZEIHER, ebd., S. 357) und fand in Bildungsreformen Platz.

Die Diskussion um Räume und Orte von Kindern wurde in den 80er Jahren aktuell. Es wurde der Frage nachgegangen, wo Kinder in der Gesellschaft überhaupt sind und wo frau/man sie gerne hätte. ›Gemeinwesensorientierung‹, ›Wohnungsnähe‹, ›Dezentralisierung‹ und ›Lebensweltorientierung‹ waren nicht nur Schlagworte zu jener Zeit, sondern wurden auch eingefordert. Es entstanden ganztägige Betreuungseinrichtungen, verkehrsberuhigte Straßen oder nachbarschaftsbezogene Projekte, welche aber nie von allen Kindern erreicht werden konnten. Es vollzog sich sozusagen eine Trennung der Lebenswelten von Erwachsenen und Kindern, wobei der kindliche und jugendliche Lebensbereich von Erwachsenen inszeniert und auch kontrolliert wurde. Helga ZEIHER (1983, S. 361) vertritt die These, dass immer mehr Bereiche der »räumlichen Welt funktionsgebunden« sind und einzelne Tätigkeiten der Individuen räumlich auseinander rücken. Beispielsweise die Entstehung von Einkaufszentren, die sich besonders an den Rändern von Städten angesiedelt haben. Gerade auch Freizeiteinrichtungen sind weit in der Stadt verstreut, dasselbe gilt für auch für Schulen oder andere Betreuungszentren. ZEIHER nennt diese verstreuten Lebenspunkte »Inseln« und schlägt ein neues Lebensraum-Modell vor: das Modell des verinselten Lebensraums. Damit richtet sie sich gegen das traditionelle Modell des einheitlichen Lebensraums. Kinder würden sich die räumliche Welt nicht mehr allmählich in Form von konzentrischen Kreisen aneignen, vielmehr fänden Kinder bereits einen verinselten Lebensraum vor. Sie werden von ihren Eltern zu den Inseln gebracht, zum Kindergarten, zur Schule, zu den Einkaufszentren, zu Verwandten und Freunden, zu Spielstätten, Ärzten, usw. Die Größe der Lebenswelt der Kinder hängt demnach nicht nur mit der Mobilität ihrer Eltern zusammen, sondern gerade auch mit der sozialen Positionierung der Eltern in der Gesellschaft.

»Der verinselte Lebensraum besteht aus einzelnen separaten Stücken, die wie Inseln in einem größer gewordenen Gesamtraum verstreut sind, der als ganzer bedeutungslos und weitgehend unbekannt bleibt« (ebd., S. 362f). Die Zwischenräume sind demnach den Kindern nicht bekannt, nach ZEIHER sind es Bereiche, die den Erwachsenen gehören und den Kinder größtenteils unbekannt sind. Daran soll in diesem Zusammenhang auch nicht gezweifelt werden. Für jugendliche Writer hingegen sind dagegen gerade diese Zwischenräume interessant. Sie werden von ihnen mit einer Bedeutung versetzt, nämlich mit ihrer individuellen ›Unterschrift‹. Darauf wird in einem späteren Kapitel noch einmal eingegangen.

RAUSCHENBACH (1993) unterscheidet weiter zwischen einem aktiv verinselten und einem passiv verinselten Lebensraum. Der Lebensbereich eines Kindes im aktiv verinselten Lebensraum ist von Beginn an sehr weit. Sie werden von ihren Eltern in engen Innenräumen, wie Auto, Bus oder Bahn zu verschiedenen Inseln transportiert. Erst im Alter von 8-9 Jahren beginnt die »Suche nach einer selbständigen Ich-Erfahrung« (ebd., S. 139). Sie versuchen nun ihre Freizeit selbst zu gestalten und zu organisieren. Dafür fehlt es vielen Kindern an sozialer Kompetenz. Es fällt ihnen schwer, Kontakte zu Gleichaltrigen außerhalb von Schule und Betreuungseinrichtungen zu knüpfen, da Nachbarschaftsbeziehungen in einem verinselten Lebensraum nicht vorhanden sind. RAUSCHENBACH zufolge verfügen Kleinkinder über einen relativ weiten Lebensbereich, wo die Zwischenräume (vgl. ZEIHER, 1983) nicht bekannt sind. Durch den Wunsch der Kinder, ihre Freizeit selbst zu gestalten, verengt sich deren Lebensraum, der aber nun vollständig bekannt ist. Im Unterschied dazu zeigt sich im passiv verinselten Lebensraum keine aktive Raumaneignung. Die Kinder haben zudem keine privaten Spielbeziehungen zu anderen Kindern (ZEIHER, 1990, S. 45). Ihre Lebenswelt ist stark an jene der Eltern gebunden. Sie befinden sich fast ausschließlich in der Nähe der Eltern (vor allem der Mutter) und werden von ihnen mitgenommen. Den Kindern fällt es somit sehr schwer sich eigenständig soziale Kontakte aufzubauen. Sie haben es nie gelernt, da sie die meiste Zeit mit ihren Müttern verbracht haben. ZEIHER (ebd.) spricht in diesem Zusammenhang von einer sozialen Isolation der Kinder. Eine passive Verinselung des Lebensraumes kann nicht in eine aktive Form umgewandelt werden.

PFEIL (1965) hat einen einheitlichen Lebensraum von Kindern beschrieben. Das Kind eignet sich seine Welt allmählich an. Zunächst erschließt es sich sein zu Hause, dann die nächste Umgebung, usw. Sein Lebensraum ist einheitlich. Alles was das Kind braucht, findet es in seiner unmittelbaren Umgebung.

Dass dies heute nicht mehr zutrifft liegt auf der Hand. Der verinselte Lebensraum von Kindern heutzutage besteht aus verschiedenen Elementen (vgl. ZEIHER, 1983, S. 363), die wie Inseln verstreut im städtischen Raum liegen. ZEIHER (ebd.) hält dazu fest: »Insofern enthält der historische Übergang vom einheitlichen zum verinselten Lebensraum ein Moment der Freisetzung des Individuums aus festen sozialen Einbindungen in einen Zustand selbst steuerbarer Verfügung über Bedingungen der eigenen Existenz.« Ein verinselter Lebensraum bedeutet nicht nur eine völlig andere Raumaneignung, sondern hat den ganzen Lebensbereich von Kindern verändert.

So wird beispielsweise spontanes Handeln erschwert, d.h. die Kinder müssen über einen individuellen Terminkalender verfügen (vgl. ZEIHER/ZEIHER, 1994), da Zeitregelungen an spezialisierten Orten eingehalten werden müssen (ZEIHER, 1983).

Auch SpielgefährtInnen wohnen meist nicht mehr in der näheren Nachbarschaft. In einem verinselten Lebensraum bilden soziale Kontakte keine festen Größen. Sie sind entweder ›sekundär‹ (wenn eine Tätigkeit im Vordergrund steht, beispielsweise MitspielerInnen im Fußballverein) oder sie sind ›geplanter Zweck‹ (wenn geplant kommuniziert werden soll, z.B. eine Verabredung). Gerade für Kinder, die ihre Welt in einem passiv verinselten Lebensraum erschlossen haben, versteckt sich hier die Gefahr der Isolation, der nur durch eine aktive Teilnahme am sozialen Leben entgangen werden kann.

Zusammenfassend kann ZEIHERS Inselmodell als ein ›Hüpfen‹ zwischen spezialisierten Orten gesehen werden. Im Unterschied zu MUCHOW (1935) spricht sie von einer Entwertung des Nahraums. SACHS (1982, zit. nach LEDIG/NISSEN, 1987, S. 28) zufolge ist der Nahraum arm an Kontakt- und Handlungsmöglichkeiten geworden, was für ZEIHER (1983) eine »Entsinnlichung des Lebensraumzusammenhanges« ist. Die Lebenswelt kann nur in Teilräumen erfasst werden. Zwischenräume hingegen verschwinden, sie können nicht mehr wahrgenommen werden.

LIPSKI (1996) geht in seiner Untersuchung »Freizeiträume ostdeutscher Schulkinder« sogar soweit, das Modell des verinselten Lebensraum als ein Konsummodell zu bezeichnen: Freizeitangebote würden individuell ausgesucht und konsumiert werden. Neben der Verinselung von Lebensräumen wird im Zusammenhang von räumlichen Veränderungen im Alltag von Kindern und Jugendlichen auch von einer Verhäuslichung der Kindheit gesprochen, die im Folgenden beschrieben wird.

## 6.2 Verhäuslichung

ZINNECKER wies 1979 auf die Bedeutung von Straße für den Sozialisationsprozess besonders von Kindern hin[32]. Mittlerweile ist die ›Straßenkindheit‹ von einer ›verhäuslichten Kindheit‹ abgelöst worden. Die Tendenz zu einer verhäuslichten Kindheit ist eng mit der Entstehung von speziellen Bildungseinrichtungen für Kinder verbunden (vgl. NISSEN, 1998, S. 165). ZINNECKER (1990) versteht unter Verhäuslichung

> »ein gesellschaftliches Gestaltungsprinzip, das darauf basiert, soziale Handlungen mit Hilfe dauerhafter Befestigungen voneinander zu isolieren und auf diese Weise stabile und berechenbare Handlungsräume zu schaffen. [...] Verhäuslichung grenzt die Bewegungsfreiheit menschlicher Körper ein. [...] Verhäuslichte Handlungsorte sind dauerhafter, aber auch starrer festgelegt als vergleichbare nicht-verhäuslichte.« (ebd., S. 143 und 144)

Der Prozess der Verhäuslichung wird – ZINNECKER zufolge – vor allem durch die zunehmende gesellschaftliche Individualisierung verstärkt. NISSEN (1998, S. 166) gibt folgende Definition: »Konkret auf die physikalischen Räume bezogen beschreibt ›Verhäuslichung‹ die Entwicklung, dass die Lebenswelt der Kinder immer stärker in geschlossene, geschützte Räume verlagert wird«. Das heißt, dass es zu einer Zunahme von Aktivitäten im Innenraum, sowie zu einer Verlagerung des Spielens vom öffentlichen Raum (z.B. der Straßenraum) in private (Kinderzimmer) und halböffentliche Räume (Veranstaltungszentren, Freizeiteinrichtungen) kommt. Der häusliche Bereich wird von Kindern im Vergleich zu früher mehr bevorzugt als der öffentliche Raum (vgl. LEDIG, 1992, S. 41).

Zu Beginn des 20. Jahrhunderts war der Spiel- und Aufenthaltsort von Kindern vor allem die Straße. Dieser öffentliche Raum wurde zwar auch von den Erwachsenen benutzt, die Kinder jedoch waren vorwiegend unter sich. Eine soziale Kontrolle auf die Kinder übten Passanten, Nachbarn, Händler aus, die die Kinder in Verhaltensnormen und Verbote einwiesen (BEHNKEN, du BOIS-REYMOND und ZINNECKER, 1989, zit. nach ZEIHER, 1994b). Anders sieht es heute aus: Kinder werden durch Verkehrsregeln, Ampeln, Kaufhausüberwachungsanlagen, etc.

---

[32] Vgl. Kapitel 5

kontrolliert (ebd.). Immer mehr werden Kinder dadurch in Binnenräume gedrängt, die klar abgegrenzt sind: Spiel- und Aufenthaltsorte von Kindern sind Sport- und Spielplätze, Kinderzimmer, Horte, andere Betreuungs- und Freizeiteinrichtungen, die durch Zäune, Mauern oder Sträucher abgegrenzt sind. Die Aneignung der Umwelt ist somit wesentlich begrenzt. Kinder hätten jedoch ein Potential, Dinge umzuinterpretieren und können beispielsweise einen Zaun als Klettergerüst verwenden (MUCHOW, 1935). LIPSKI (1996) weist aber in diesem Zusammenhang auf die Tatsache hin, »daß es heutzutage objektive Bedingungen gibt – wozu man vor allem den Autoverkehr rechnen muß –, die den Raumaneignungsmöglichkeiten der Kinder eindeutige Grenzen setzen« (ebd., S. 368). Bewegungen von Kindern müssen sich in die räumlichen Strukturen einpassen. Das bewirkt zweierlei: Einerseits werden kleinräumige und feinmotorische Fähigkeiten eingeübt und dadurch gefördert (ZEIHER, 1994b), andererseits bedeuten diese Grenzen Einschränkungen in der Erweiterung des Handlungsraumes und deshalb auch eine Einschränkung in ihrer Entwicklungsphase (vgl. BÖHNISCH/MÜNCHMEIER, 1990, S. 63). ZEIHER (1994a, S. 368ff) unterscheidet zwischen zwei Alltagsmustern von Kindern: institutionelle und private Alltagsmuster.

- Im institutionellen Alltagsmuster ist der Alltag des Kindes mit vielen Terminen gefüllt, es besucht allerlei Kurse und muss die festen Zeiten einhalten. Eigenständige Freizeitplanung beschränkt sich dabei auf das Ab- und Anmelden von Kursen. Die Kinder haben privat kaum soziale Kontakte, über die Kurseinheiten hinaus treffen sich die Kinder meist gar nicht.
- Im privaten Alltagsmuster organisieren sich die Kinder ihren Alltag selbst. Sie treffen sich mit SpielgefährtInnen und bestimmen selbst, wann und wo das ist. Jedoch ist das Kind auf die Hilfe und Unterstützung in der Alltagsplanung angewiesen. Geschieht eine solche Animation auf elterlicher Seite nicht, kann das Kind leicht vereinsamen und findet sich auf einer ›Insel isoliert‹. Genau das Gegenteil finden Kinder vor, die jeden Tag von früh bis spät in sogenannten Kinderinstitutionen verbringen. Sie finden hier vorgefertigte und fremdbestimmte Strukturen vor. Problematisch ist der Übergang von der Kindheit in die Jugendzeit: Die Kinder sind meist nicht in der Lage selbst soziale Kontakte zu knüpfen und finden sich außerdem in einem Raum wieder, in dem sie sich vorher nur kurzweilig aufhielten (das eigene Wohnumfeld).

## 6.3 Institutionalisierung

Kinder finden neben der zentralen Bildungsinstitution Schule immer mehr institutionelle Betreuungs- und Freizeiteinrichtungen in ihrem Lebensbereich vor. Fixe Strukturen bestimmen dort den Lebensalltag von Kindern und Jugendlichen. Die Einrichtungen verfolgen bestimmte Ziele, Pläne und Programme. Freie Handlungsmöglichkeiten werden dadurch oft genug unterbunden. Außerdem gibt es einen festgelegten zeitlichen Umfang, eine gewisse Verbindlichkeit (durch Kurskosten) und vorherrschende institutionelle Normen und Regeln (vgl. NISSEN, 1998, S. 168). Zu einer Institutionalisierung der Kindheit ist es vor allem deshalb gekommen, da die Kinder zum Einen immer mehr aus dem öffentlichen Raum verdrängt werden (viele Plätze und Orte sind nicht kindgerecht, Gefahr durch zunehmenden Verkehr, etc.). Andererseits arbeiten aufgrund ökonomischer und gesellschaftlicher Veränderungen, oft beide Elternteile. Die Kinder werden deshalb der Obhut von Institutionen überlassen. Zudem mangelt es an Kindern in der unmittelbaren Wohngegend. Kinder sind immer mehr darauf angewiesen ihre Spielkontakte in Institutionen zu suchen. Somit werden neben der Schule Horte, Kindergärten, Kinder- und Jugendclubs, sowie Angebote von Vereinen, Kirchen und anderen kommerziellen VeranstalterInnen immer wichtiger. Die Kinder finden ein fertiges Programm vor, das speziell auf sie ausgerichtet ist. Ihr Alltag wird in die Hände von Erwachsenen gelegt und wird von ihnen inszeniert (vgl. ZEIHER, 1994). Die Erwachsenen sprechen nicht Verbote oder Gebote aus, sondern vielmehr ein Curriculum, welches Handlungsmöglichkeiten für Kinder öffnen und verhindern sollen (ebd.).

NISSEN (1998, S. 169) definiert Institutionalisierung folgendermaßen: »Institutionalisierung ist der Prozeß der tendenziellen Auflösung der Grenze zwischen Aufenthalt in öffentlichen Freiräumen und privaten Räumen.« Und weiter: »Nicht nur werden ehemals öffentliche Aktivitäten in institutionalisierte verhäuslichte Räume verlagert, umgekehrt werden ehemals ausschließlich in privaten Räumen ausgeübte Tätigkeiten nun in institutionalisierte öffentliche Räume verlegt«. Institutionalisierung und Verhäuslichung sind folglich Prozesse, die eng miteinander verbunden sind.

Zusammenfassend werden Verinselung, Verhäuslichung und Institutionalisierung der Kindheit von allen zitierten AutorInnen als Stichworte für die räumliche Veränderungen der kindlichen Lebenswelten genannt.

Vor allem ZEIHERS Konzept der verinselten Lebensräume erhielt in der Fachdiskussion große Beachtung. Empirisch ist das Inselmodell jedoch schwer zu bestätigen. ZEIHER (1983) selbst betont, dass eine Vermischung des einheitlichen und verinselten Aneignungsmodells wohl eher die Realität von Kinder beschreibt. LIPSKI (1996) bestätigt zwar in seiner Sozialraumanalyse Ansätze von Verhäuslichung und Verinselung, betont aber zugleich, dass der Aktionsraum von Kindern eher dem Konzept des einheitlichen Lebensraums entspricht.

MERKENS (2001) hingegen schlägt eine Kombination des Inselmodells (ZEIHER, 1983) und des Zonenmodells (BAACKE, 1993) vor. Er legt seiner Untersuchung eine Kombination des Konzepts der verinselten Lebensräume und der von BAACKE beschriebenen Sphäre der ökologischen Ausschnitte zu Grunde. Die Lebenswelt von Jugendlichen entspricht am ehesten dem Modell des verinselten Lebensraums. Im Gegensatz zu Kindern, die von ihren Eltern von Insel zu Insel transportiert werden, wählen die Jugendlichen ihre ›Inseln‹ selbst aus.

»Die ökologischen Ausschnitte« in BAACKES Zonenmodell entsprechen etwa dem Inselmodell ZEIHERS. Sie beschreiben gelegentliche Aufenthalte von Kindern und Jugendlichen, an einem bestimmten Ort und zu einer bestimmten Zeit. BAACKE jedoch betont die Wichtigkeit des unmittelbaren Nahraums, welcher bei ZEIHER in dieser Form nicht existiert. Abschließend möchte ich festhalten, dass die räumliche Veränderung des öffentlichen Raums zwar mit den Schlagworten Verinselung, Verhäuslichung und Institutionalisierung in der Literatur differenziert diskutiert worden ist. Die Frage jedoch, welche Auswirkungen sie explizit auf die Lebenswelten von Mädchen und Jungen haben, bleibt offen (vgl. NISSEN, 1998, S. 171).

# 7 Graffiti

Graffiti ist weit verbreitet. Auf Hauswänden, Zügen, Dächern oder Mülleimern – überall können die vielen ›Tags‹ und ›Pieces‹ gesehen werden. ›Tags‹ sind dabei einfarbige ›Unterschriften-Graffiti‹, die vor allem an Hauswänden zu finden sind. Entscheidend ist das schnelle Anbringen des eigenen Namens, sowie die Quantität im Stadtbild. ›Pieces‹ sind vor allem größere gesprühte Wandbilder. Meist ist es ein Schriftzug, in der Regel der eigene Namen des Writers. Um den Schriftzug herum finden sich oft Figuren o.ä., die in der Szene als ›Characters‹ bezeichnet werden. Tags, die an einem Piece angebracht sind, stellen ›Messages‹ an andere Writer dar. Wenn jedoch ein Tag quer über das Bild gesprüht wurde, zielt die Message nicht auf Respekt und Anerkennung der KünstlerIn, sondern auf Missbilligung des Bildes (wenn es z.B. nicht ›gut‹ ist) oder der AnbringerIn. In diesem Zusammenhang sprechen Writer von ›Crossen‹.

Die Meinungen zu Graffiti sind unterschiedlich und reichen von ›Schmiererei und Sachbeschädigung‹ bis hin zu ›Kunst im öffentlichen Raum‹. Seit mehr als zehn Jahren wird die Graffitikultur vor allem als Aspekt gesellschaftskritischer Ausdrucksformen gedeutet (vgl. HÖRZ, 1997). Schon Jean BAUDRILLARD hat 1978 die New Yorker Graffiti Szene als »Aufstand der Zeichen«[33] interpretiert. Den Writern[34] geht es aber nicht um politische Rebellion, vielmehr wünschen sie sich

[33] Siehe Jean BAUDRILLARDS Publikation: *Kool Killer und der Aufstand der Zeichen.* Berlin: Merve Verlag, 1978

[34] In diesem Zusammenhang möchte ich darauf hinweisen, dass ich, wenn immer ich von Writern schreibe, auch sprühende Frauen meine. Mädchen sind zwar ihren Writer-Kollegen zahlenmäßig weit unterlegen, doch sind sie präsent und für die Szene wichtig. Die Mädchen selbst bezeichnen sich als Writer, Writerin wird nie verwendet. Linguistisch gesehen legt das englische ›writer‹ kein Geschlecht fest, da das Englische nicht zu den Sprachen mit grammatischem Genus zählt. Dass auch in nicht generischen Sprachen mehrheitlich die männliche Gruppe gelesen, gehört und angenommen wird, bis eine gegenteilige Markierung im Kontext erscheint, ist eine andere Problematik. Sprachen sind real und damit patriarchal strukturiert. Weiter werden männliche Bezeichnungen nach wie vor oft als Aufwertung verstanden, da sie in der Hierarchie immer über den weiblichen Bezeichnungen liegen: Friseur/Friseurin, Soldat/Soldatin, Autor/Autorin, Freund/Freundin. Ich übernehme die Selbstbezeichnung der Mädchen in meiner Arbeit, bin mir aber bewusst, dass in diesem Sinne Mädchen aus den Köpfen der LeserInnen mit patriarchaler (und ohne feministische) Kompetenz (im Chomsky'schen Sinne), ausgeschlossen sind (siehe dazu Luise F. PUSCH: *Alle Menschen werden Schwestern,* Frankfurt am Main: Suhrkamp, 1990, S. 85ff).

Respekt und Anerkennung durch ihr künstlerisches Schaffen. Es geht darum in der Szene ›berühmt‹ zu werden, ›Fame‹ zu erlangen, auch wenn dies durch illegale Aktionen durchgesetzt wird. Fame zu erlangen, ist oberstes Ziel in der Szene. Fame erlangt frau/man, wenn besonders viele Graffitis gesprüht werden, oder das Bild an einer besonders riskanten Stelle (Züge, Dächer, etc.) angebracht wird oder ein herausragendes, qualitativ hochwertiges Piece gemalt wurde (vgl. VAN TREECK, 1994, S. 56).

Seit Beginn der 90er Jahre hat sich in unserer Gesellschaft ein Trend zur Individualisierung herausgebildet. Diese Tendenz führte dazu, dass von Jugendlichen eine autonome Freizeitgestaltung und -planung erwartet wurde. Dies beeinflusste nicht nur die jugendliche Lebenswelt, sondern wirkte sich auch auf die Freizeitgestaltung der Mädchen und Jungen aus. Die Straße spielt dabei eine zentrale Rolle: sie ist ein jugendlicher Aufenthalts- und Lernort und ein Ort der Kommunikation. Graffitis können in diesem Zusammenhang als eine Form von Aneignung der Straße bzw. als ›Inbesitznahme von Territorien‹ gedeutet werden.

Eines der wichtigsten Motive des Sprayens ist die jugendliche Suche nach Identität. Um nicht in der Masse unterzugehen, werden Tags (die eigene Unterschrift sozusagen) eingeübt und dann auf Hauswände übertragen. Die eigene Existenz – visuell sichtbar durch die Tags oder Pieces – gewinnt an Bedeutung und will aus der Masse herausstechen. Den eigenen Schriftzug dann im Alltag zu sehen, gibt den Jugendlichen Selbstbewusstsein und Anerkennung.

Der Begriff ›Graffiti‹ ist umfassend. Toilettengekritzel, Inschriften auf Bäumen, Park- und Schulbänken, frühe Höhlenzeichnungen, politische Graffiti, Schablonengraffiti, Pieces im New Yorker Stil, Tags oder Bilder von Keith Haring und Harald Naegeli – alles fällt unter den Begriff Graffiti, deutet aber auf Unterschiedliches hin. Für SONNE bedeutet Graffiti folgendes:

> *»Also, Graffiti, ist schon ne Art Kunst, seine Gefühle in Buchstaben zu drücken und das nach Außen hin so rüber kommen zu lassen, daß man eigentlich sehen kann, wie's mir geht oder was ich mir dabei gedacht hab. Graffiti ist für mich nicht wahllos irgendwie Buchstaben durcheinander zu schreiben, also es muss schon, man muss sich was dabei überlegen.«* (Interview mit SONNE, 19/40-45)

Im vorliegenden Text definiere ich Graffiti als eine Form des künstlerischen Ausdrucks. In der Regel stellt die Wand das Medium des Schaffens dar. Dahinter steht eine bestimmte Absicht. Ob dies der Name des Geliebten auf einer Baumrinde ist, der Tagname eines jungen Writers auf einer Hauswand, ein spätrömisches Pilgergraffiti auf einer Mauer im Trierer Dom oder ein Anarchozeichen an der Berliner Mauer: Gemeinsam ist allen KünstlerInnen, dass sie damit etwas sagen wollen. Unterschiedlich sind nur die Motive, die dahinterstehen. Der Schwerpunkt jedoch liegt hier im Writing. Den Jugendlichen geht es hier im Wesentlichen darum, den eigenen Namen zu verbreiten.

## 7.1 Die Anfänge: New York

Wenn heute von Graffiti die Rede ist, meint frau/man vorwiegend American Graffiti: bunte Bilder (Pieces), Schriftzüge, Tags oder ›Bombings‹ (illegal gemalte Bilder) auf Wänden, Zügen oder Dächern. In der Szene ist jedoch der Begriff ›Writing‹ üblicher, da er spezieller ist und auf die Jugendkultur (Writing als Teilkultur von HipHop) hinweist.

Ein Piece hat nur wenig mit einem Höhlengemälde zu tun. Das Gemeinsame ist der Begriff unter dem beide gefasst werden: Graffiti. Das Wort Graffiti stammt vom italienischen Wort ›il graffito‹ ab und bedeutet ›Eingeritztes‹ (vgl. SKROTZKI, 1999, S. 11). Eng verbunden ist der Begriff ›Graffito‹ mit einer Art von Fassadengestaltung, namens ›Sgraffito‹. Es bezeichnet eine Technik, wo zwei Schichten von Kratzputz auf eine Wand aufgetragen werden. Es werden nun verschiedene Formen und Muster in die Wand gekratzt, wobei die untere Schicht sichtbar wird. Im 19. Jahrhundert wurden von Archäologen eingeritzte Sprüche und Zeichnungen von alten Kulturen entdeckt, die dann ›Graffito‹ genannt wurden. Somit wurde zwischen Sgraffito und Graffito unterschieden. Das eine weist auf eine legale Art von Fassadengestaltung hin, das andere auf illegale Ritzzeichnungen (vgl. STAHL, 1989, S. 12).

1971 erschien ein Artikel über einen jungen Griechen, der sein Namenskürzel TAKI 183 in ganz New York hinterlassen hatte, in der New York Times. TAKI 183, sein eigentlicher Name war Demetrios, war Bote in New York. Seine Idee war es, seinen Namen an allen Orten zu verbreiten, an denen er vorbeikam. Nach dem Artikel in der NY Times fand TAKI viele NachahmerInnen und wurde zum Vorbild der New

Yorker Jugend. Die (hauptsächlich) männlichen Jugendlichen taggten ihre Kürzel in ganz New York. Meist war es ein kurzes Pseudonym, das mit einer Nummer versehen war. Damit wiesen sie auf die Gegend (meist die Nummer der Straße) hin, in der sie wohnten oder in welchem Viertel ihre Crew agierte. Schon 1971 schlossen sich die ersten Writer zu einer Crew zusammen (SKROTZKI, 1999, S. 24). Mit der explodierenden Anzahl der jugendlichen Writer stieg das Interesse mehr aus den einfachen Tags zu machen. Die Quantität der Tags wurde somit bald zu wenig um Fame zu erlangen und die Writer begannen ihre Buchstaben zu verändern, sie zu formen und sie zu vergrößern. So entstanden die ersten bunten Pieces, die nun nach deren Qualität bewertet wurden. Zu jener Zeit gründeten sich viele Crews, die nun auch begannen Battles gegeneinander zu führen.

›Battle‹ (engl., ›Schlacht‹) bezeichnet einen friedlichen Wettbewerb zwischen HipHoppern. Battles gibt es in allen Teilkulturen des HipHops. Im Writing finden legale und illegale ›Schlachten‹ statt. Beim einen geht es um die Quantität der Bilder, beim anderen um die Qualität. Ein Battle der verschiedenen ›Styles‹ (›Styles‹ sind Stilrichtungen, die sich nur auf Schriftzüge beziehen) wird als ›Style War‹ bezeichnet. Jeder Writer hat einen bestimmten Style, es gibt auch stadtbezogene Stile, z.B. den New Yorker Style. Berlin dagegen wird oft als ›Stadt der 1000 Stile‹ (vgl. DOMENTAT, 1994, S. 29) bezeichnet.

Von diesen Battles, die eng mit der Hierarchie der Szene verbunden sind, sind Mädchen oft ausgeschlossen und damit auch vom sogenannten Fame oder dem Status des ›Kings‹. Kings stehen in der Hierarchie der Writer-Szene an oberster Stelle. Sie haben durch besonders gute oder besonders viele Pieces auf sich aufmerksam gemacht. Das Symbol des Kings ist die Krone oder der Heiligenschein, der dann mit ins Graffiti gemalt wird (vgl. dazu auch VAN TREECK, 1994, S. 82f). Ein ›Toy‹ dagegen ist eine Anfängerin oder ein Anfänger im Writing. Kings oder andere geübtere Writer crossen (überschreiben) Bilder von AnfängerInnen mit der Bezeichnung »Toy«. Somit kann das Bild von anderen Writern übermalt werden. Zu Beginn der Style Wars diente vor allem die New Yorker Subway als Hauptmedium des Writing. Es wurden vor allem Pieces gesprüht, die immer größer wurden. Der erste ›Whole Car[35]‹ entstand bereits 1973 (DOMENTAT, 1994, S. 9). Zahlreiche Bombings folgten darauf. Die jungen Writer wurden jedoch hart vom New Yorker Police Department (NYPD) verfolgt. New York sollte ›sauber‹ bleiben. Zu jener Zeit war beinahe das gesamte Subwaysystem gebombt. Die MTA[36] ließ gebombte Züge einziehen und ›buffte‹[37] sie. Auch wurden U-Bahnstationen mit Stacheldrähten und SicherheitsbeamtInnen gesichert. Doch die Graffiti Szene ließ sich nicht zerschlagen. Es entstanden außerdem Projekte, die versuchten Graffiti raus aus der Subway und somit aus der Illegalität zu bringen. 1980 entstand die erste ›Hall of Fame[38]‹ in Harlem, New York. Hier arbeiten Sprüher legal an Wänden. Auch die ersten Auftragsarbeiten entstanden zu jener Zeit. Doch Graffiti blieb dennoch im Untergrund und somit illegal. Erst mit den 80er Jahren änderte sich die Lage. Graffiti und HipHop wurden zur Modeerscheinung. So fand Graffiti den Weg in New Yorker Galerien. Die KünstlerInnen waren jedoch nicht die illegal sprühenden Kids aus Brooklyn, sondern es waren vorwiegend KunsthochschulabsolventInnen, wie Keith Haring oder Jean Michel Basquiat.

## 7.2 Berlin

Nachdem die New Yorker Kunstszene Graffiti für sich entdeckt hatte, erschienen zur selben Zeit die ersten Graffiti-Magazine und Graffiti-Bücher, das erste 1984: »Subway Art« von Henry CHALFANT. Daneben entstand der erste Graffiti-Film, »Style Wars« ebenfalls von CHALFANT und Tony SILVER. Die New Yorker Graffiti-Szene hatte ihren Höhepunkt und wurde von Europa aus mit Interesse beobachtet. Medien berichten darüber, es gab Bücher und Filme darüber zu kaufen

---

[35] Dabei handelt es sich um ein Bombing, das sich über die gesamte Zuglänge erstreckt. Meist malen daran mehrere Writer.

[36] Metropolian Transit Authority: Behörde, die die New Yorker Subway verwaltet.

[37] Szene-Begriff für das Entfernen von Graffitis.

[38] Hall of Fames sind Wände, an denen die Writer ungestört und somit legal an ihren Bildern arbeiten können. Dabei zählt die Qualität der Bilder, sie werden jedoch bald übersprüht, um anderen Writern Platz zu machen. In Berlin gibt es zahlreiche Hall of Fames, die bekannteste im Mauerpark. Am längsten halten die Bilder von besonders guten Writern, denen in der Szene der höchste Respekt gebührt. Auch dienen Hall of Fames zum Austausch zwischen SprüherInnen verschiedener Städte und Länder. Writer reisen generell viel und besuchen andere Hall of Fames um dort auch zu malen.

und die ersten HipHop Hits standen an der Spitze der Hitparaden. In Berlin entwickelte sich Graffiti um 1982/83. Es waren zunächst Jugendliche der zweiten Einwanderergeneration aus Südeuropa und der Türkei, die in West-Berlin erste Versuche im Breakdance[39] unternahmen. Zur selben Zeit entstanden auch die ersten Tags an Hauswänden. Erst 1984/85 konnte frau/man die ersten Pieces in West-Berlin entdecken. Als Medium dienten hauptsächlich Wände an der S-Bahnstrecke (S1) und die Berliner Mauer. Die Mauer bot den jugendlichen Writern eine halblegale Öffentlichkeit: Sie gehörte zum Ostteil der Stadt. Anfangs waren es einige Einzelgänger oder ›Two-Teams‹ (2er Gruppen), die in der Stadt malten (vgl. DOMENTAT, 1994, S. 25). Es dauerte eine Weile bis sich die Writer untereinander kennen lernten und die ersten Crews[40] bildeten.

Die ersten Writer in Berlin waren: KAOS, REBEL, AMOK, SHEK, BUS, u.v.a. Die ersten Westberliner Crews hießen GRAFFITI SUBWAY GANGSTERS (GSG), SAINTS Crew, THE COMIC FREEZERS (TCF) und viele andere. Sie orientierten sich zunächst an der New Yorker Szene, die sie durch verschiedene Bücher, Magazine oder Filme kannten. Später kam der Einfluss auch aus europäischen Städten, wie Amsterdam und Paris, wo sich schnell eine große Writer-Community bildete. 1988 machte sich eine Wende in der Berliner Writer-Szene bemerkbar: Der amerikanische Film »Colors – Farben der Gewalt«, ein Film von Dennis HOPPER über Gangkonflikte in den USA kam in die Kinos. Die Filmmusik stammte von renommierten HipHop MusikerInnen, wie Ice-T, u.a. Viele jugendliche Kinobesucher verbanden Writing und HipHop nun mit Gangs und Gewalt. Damit brach ein »Gangbang-Fieber« in Berlin aus (KREKOW/RÖSKE, 1997, S. 6). Es formierten sich gewaltbereite Gangs innerhalb der Writer Szene, wie die 36er oder die GIANTS. Die Presse berichtete über gewalttätige Jugendliche, die Hauswände und (nun auch die ersten) Züge beschmierten. Vandalismus, Sachbeschädigung und Gewalt waren nun Schlagworte, die mit Graffiti assoziiert wurden.

---

[39] Ein Tanzstil, der sich dadurch auszeichnet, dass die Tänzer zu einem bestimmten Rhythmusstück (Breakbeat) tanzen. Auch Breakdance ist neben Writing, DJ-ing und Rap unmittelbar mit HipHop verbunden.

[40] Eine Writer-Crew ist ein Zusammenschluss von Writern. Sie gehen – als Gruppe – zusammen sprühen. Meist sind dies illegale Aktionen, wo schnell gemalt werden muss, was mehrere Leute erfordert.

Die Akzeptanz für Writer – auch aufgrund der juristischen Sachlage – war gering. Anders sah es bei BesitzerInnen von Cafés, Diskos, Szene-Läden oder Boutiquen aus. Graffiti war in Mode, wodurch die ersten Auftragsarbeiten entstanden (vgl. DOMENTAT, 1994, S. 26).

Durch den Fall der Berliner Mauer vergrößerte sich die Szene, die 1988/89 auf ihrem Höhepunkt angelangt war. Dadurch fiel jedoch auch die größte und wichtigste Hall of Fame in (West-) Berlin. In Ostberlin dagegen entwickelte sich die Szene erst nach dem Mauerfall. In der DDR gab es keine Farbspraydosen, wodurch sich die Szene nicht so entwickeln konnte wie in West-Berlin. Der HipHop Boom Ende der 80er Jahre griff jedoch trotzdem auch in Ostberlin. Pieces wurden mit »Pinsel, Rauhlederspray oder tschechischen Autolackdosen und Tags mit Schuhcreme angebracht« (KREKOW/RÖSKE, 1997, S. 4). Writing, Breakdance, Rappen und DJ-ing blieb vorerst noch im Untergrund, was sich dann 1989 änderte. Die Graffiti-Neulinge orientierten sich anfangs vor allem am Style der ›West‹-Writer. Mit der Wende vereinigte sich die Graffiti-Szene jedoch nicht, es entstand die ›New School‹ im Osten der Stadt und die ›Old School‹ im Westen. Den Old SchoolerInnen gebührte mehr Respekt als den Writer-Neulingen. 1990/91 entstanden die ersten Kontakte zwischen Ost- und WestsprüherInnen. Jedoch gab und gibt es Abgrenzungen zwischen den Writern beider Stadtteile. KREKOW und RÖSKE resümieren dazu: »Aber vielleicht interessiert es ja irgendwann niemanden mehr, aus welchem Teil der Stadt man kommt« (ebd., S. 37).

1990 erschien das erste Berliner Graffiti Magazin »Enterprise«. »Overkill«, »Storm«, das »S.W.A.T. Magazine«, »Outline« und später »Backjumps« folgten darauf.

Die Medien der Berliner Writer-Szene wurden breiter, mit Anfang der 90er Jahre wurden nicht mehr nur auf Wänden (Berliner Mauer, andere Hall of Fames oder an der S1-Strecke) gemalt, sondern Straßenbilder, Züge und ›Roof-Tops‹, Bilder, die auf Dächern und an Schornsteinen angebracht werden, wurden immer wichtiger.

1994 erschien im Schwarzkopf Verlag »Spray City – Graffiti in Berlin«, das Graffiti anders präsentierte als die vorherrschende öffentliche Meinung. Writing gewann dadurch einen wichtigen Stellenwert in der jugendkulturellen Debatte. X 94, eine Gruppe der HDK (Hochschule der Künste, Berlin), gründete sich und veranstaltete themenspezifische Workshops und Ausstellungen.

Die Szene wurde immer größer, damit verbunden auch die Verfolgung und Kriminalisierung der Szene durch die Polizei. 1995 gründete sich die GIB (Graffiti in Berlin), eine SOKO des Bundesgrenzschutzes. Im selben Jahr fand die größte Razzia in Berlin statt, in der über 90 Wohnungen durchsucht wurden. Die Zahl der aktiven SprüherInnen verringerte sich dadurch und hat dazu geführt, dass eine neue Writergeneration entstanden ist. Die Zahl der sprühenden Mädchen ist seit diesem Zeitpunkt auch gewachsen, dennoch sind sie ihren männlichen Writerkollegen zahlenmäßig weit unterlegen. In der 1994 veröffentlichten »Spray City Berlin« berichtet Tamara DOMENTAT (1994) über »Mädchenbilder in der Welt der Homeboys[41]«. Der Artikel ist dahingehend einzigartig, dass er in einer männlich dominierten Szene Mädchen und junge Frauen als Künstlerinnen heraushebt. DOMENTATS Beitrag ist jedoch gerade bei szeneangehörigen Mädchen kritisch behandelt worden. Es bestand weder 1994, als der Artikel veröffentlicht wurde, noch 2002, als ich meine Interviews durchgeführt habe, Einigkeit über das Mädchen- und Frauenbild im Writing. Es gibt Writer-Mädchen, die in ihrer kreativen Entwicklung von Jungen gestört und behindert werden. Andere Mädchen schildern jedoch positive Erfahrungen und Unterstützung von Seiten der Jungen.

Es erweist sich als sehr schwierig die Berliner Writer-Szene zu beschreiben, denn die Community ist sehr groß und sehr vielseitig. Das gilt für die Anfänge in den 80er Jahren, wie für heute. Heute dokumentieren die Writer zwar ihre Bilder[42], was zu Beginn nicht der Fall war. Jedoch gibt es gerade in Berlin eine solche Fülle von Material, dass es unmöglich ist allgemeine Aussagen darüber zu treffen. Es gibt Writer, die nur Bombings malen, nur illegal unterwegs sind oder nur an legalen Wänden sprühen.

So unterschiedlich die Arbeiten sind, so verschieden auch die Auffassungen zu Graffiti. Für die einen ist es nur illegales Malen, für andere sind Tagger auch große Writer. Somit kann auch nicht von einer Berliner Writer-Szene gesprochen werden. In Berlin ist alles vertreten, es hat alles schon einmal gegeben.

---

[41] So der Titel des Artikels. Homeboys oder Homegirls sind aktive oder passive Angehörige der HipHop Kultur.

[42] Das geschieht in sogenannten Blackbooks. Die Writer malen und kleben hier nicht nur ihre Skizzen hinein, sondern auch Fotos von ihren Werken. So bleiben ihre Pieces, Bombings, etc. wenigstens auf dem Papier erhalten, denn die Bilder sind nicht sehr langlebig.

Es ist schwierig hier noch aufzufallen. Deshalb wird gerade in Berlin viel experimentiert. Die Tagger malen beispielsweise ihre Tags nicht mehr nur auf Hauswände, sondern signieren Paketscheine der Deutschen Post mit ihren Namen und verbreiten diese in der Stadt. Andere Writer konzentrieren sich nicht mehr nur auf Styles, sondern vermehrt auf figürliche Elemente aus der Tierwelt.

Eine sehr innovative Crew in Berlin ist momentan CBS[43]. Die Crew besteht schon seit Anfang der 90er Jahre. Die Gruppe malt sehr viel. Sie arbeiten mit unterschiedlichen Techniken und Elementen/Medien. Anfang 2002 bombten sie an der S-Bahnstrecke im City-Bereich comicartig-gemalte Fäuste. Im Sommer hingegen arbeiteten sie mit Plakaten, die auf den ersten Blick wie eine Werbung für einen neuen Kinofilm aussahen, sich dann aber als ›Werbeplakate‹ von/für CBS herausstellten. Aber auch andere Crews machen sich mit neuen Ideen bemerkbar. Auch häufen sich Schablonengraffitis in der Stadt. Mit diesen Beispielen soll verdeutlicht werden, dass Writing in Berlin sehr vielseitig ist.

Berlin ist ›Graffiti–Hauptstadt‹ in Europa, nirgendwo gibt es soviel unterschiedliche Styles und Writer. Das wollen viele Menschen ändern. Laut einer Untersuchung des Deutschen Städtetags entstehen durch Graffitis jährlich Schäden von mindestens 200 Millionen Euro (Berliner Morgenpost, 4. 4. 2002). Betroffen sind dabei vor allem öffentliche Verkehrsmittel und private und öffentliche Gebäude. In Berlin belief sich die Schadenssumme der BVG (Berliner Verkehrsbetriebe) im Jahr 2001 auf 5,5 Millionen Euro.

Daraus folgte, dass abgestellte Fahrzeuge nun stärker überwacht werden. Darüber hinaus sieht frau/man in Berlin kaum gebombte Züge. Die Deutsche Bahn und die BVG ziehen bemalte Züge sofort ein, die dann innerhalb von 24 Stunden gereinigt werden. Außerdem werden seit April 2002 Videokameras in U- und S-Bahnhöfen installiert, um die Tagger und Bomber zu erwischen. Obwohl Graffitis kaum mehr vom Stadtbild wegzudenken sind, werden sie nicht akzeptiert.

---

[43] Hierzu möchte ich noch einmal festhalten, dass solche Behauptungen persönliche Einschätzungen sind. Gerade in einer Stadt wie Berlin, treten mal jene Crews oder Writer stärker in den Vordergrund als andere – was sich aber wieder innerhalb kürzester Zeit ändern kann. Anmerkung zum Crew-Namen: Es ist mir nicht gelungen herauszufinden, für was die Buchstaben stehen.

Der Deutsche Städtetag fordert eine härtere strafrechtliche Verfolgung der SprayerInnen[44]. Im Graffiti-Bekämpfungsgesetz soll bereits das Bemalen von Gebäuden als Sachbeschädigung gelten. Nach dem (noch) gültigen Strafgesetzbuch liegt eine Sachbeschädigung erst dann vor, wenn das Gebäude in seiner Substanz beschädigt wurde.

Ob Graffiti nun das Stadtbild verschönert oder es verschandelt, wird an dieser Stelle nicht diskutiert und ist hier irrelevant.

[44] Aktuelle Debatte über Graffiti in Deutschland, nachzulesen auf http://www.bundestag.de

# 8 Forschungsmethode

Als Forschungsmethode wendete ich Interviews an. Das Thema erforderte die Befragung von Mädchen, die der Writer-Szene angehören. Doch auch das Interesse als Laie selbst in die Welt der ›Homegirls‹ einzutauchen, stieg nach und nach. Mein zentrales Forschungsinteresse liegt darin, wie sich Mädchen in der Writer-Szene Räume aneignen, wie sie sich darin bewegen und wie sie ihre spezifischen Orte erleben. Das Thema erwies sich jedoch als zu abstrakt, zu sperrig für die meisten Mädchen und jungen Frauen. Die Einstiegsfrage der Interviews konnte ja nicht lauten: »Wie eignest du dir als Mädchen in der Writer-Szene Raum an?« Um dieser Frage nachgehen zu können, muss eine andere Methode berücksichtigt werden. Um Antworten darauf zu finden, habe ich das Forschungsverfahren des narrativen Interviews gewählt.

»Das narrative Interview ist ein sozialwissenschaftliches Erhebungsverfahren, welches den Informanten zu einer umfassenden und detaillierten Stegreiferzählung persönlicher Ereignisverwicklungen und entsprechender Erlebnisse im vorgegebenen Themenbereich veranlasst.« (SCHÜTZE, 1987, S. 49) Das narrative Interview stellt so eine besondere Form des offenen Interviews dar. Der/die ErzählerIn wird gebeten, durch spontanes Stegreiferzählen seine/ihre eigenen Erlebnisse als Geschichte zu erzählen, wodurch auch vergangene Strukturen freigesetzt werden. Während des Interviews herrscht zwischen dem/der InterviewerIn und ErzählerIn eine asymmetrische Beziehung: der/die InterviewerIn hält sich mit Fragen zurück und hört vorwiegend aufmerksam zu. Wichtig ist es, die Erzählung zu einem natürlichen Ende kommen zu lassen. Erst im Anschluss daran beginnen narrative Nach- bzw. Verständnisfragen. Das transkribierte Interview wird anhand der objektiven Hermeneutik analysiert. Der Begriff ›objektiv‹ bedeutet: Es geht nicht darum, was beispielsweise eine Person meint, sondern um die objektive Struktur des Textes. Bei der Interpretation geht frau/man sequenziell vor: Das Hineinversetzen in eine ›künstliche Naivität‹ ist dabei entscheidend, d.h. das Wissen, das der/die LeserIn über das gesamte Interview hat, muss ausgeblendet werden. Dadurch wird ein ›Überfliegen‹ des Textes vermieden. Ein äußeres Kontext- und Fachwissen soll hinzugezogen werden.

Ziel ist es, am Ende eine Hypothese für den Text aufzustellen (siehe auch GLINKA, 1998). Der Vorteil des narrativen Interviews liegt darin, dass die interviewte Person die Geschichte da beginnt, wo es ihr wichtig erscheint. Die Einstiegsfrage war bei allen neun geführten Interviews dieselbe: »Wie bist du eigentlich zum Graffiti gekommen?« oder »Mich würde interessieren, wie du mit Graffiti in Kontakt gekommen bist«. Alle interviewten Mädchen begannen nun ihre Geschichte da zu erzählen, wo es ihnen wichtig erschien. Ich ließ ihr Erzählen zu einem natürlichen Ende kommen und versuchte erst dann weitere Fragen zu stellen. Der Großteil der Mädchen kam mit dieser Interviewmethode gut zurecht, mit Ausnahme von einem Mädchen, wo ich aktiver sein und gezielte Fragen stellen musste. Um mehr über ihre Raumnutzung und -aneignung erfahren zu können, hatte ich zwei Vorgehensweisen. Zum einen befragte ich die Mädchen, an welchen Orten sie generell sprayen und ob diese Orte auch Aufenthaltsorte neben der Writertätigkeit darstellen. Zum anderen versuchte ich mehr über ihr illegales Malen herauszufinden, da besonders dieser Aspekt genaueren Aufschluss über ihre Raumaktivitäten gibt als Malen an legalen Wänden (die sich ja an institutionalisierten Orten befinden). Hier bewegen sich die Mädchen auf einem noch unbekannten Terrain. Außerdem versuchte ich auch immer wieder auf die Frage nach der Rolle von Mädchen und jungen Frauen in einer jungen- und männerdominierten Szene zu lenken. Auch dieser Sachverhalt scheint mir zentral zu sein. Daneben sprachen die Mädchen auch über die Bedeutung, die Graffiti für ihr Leben hat. Das ist ebenfalls ein wichtiger Aspekt für mein Forschungsinteresse. Denn gerade diese zentrale Bedeutung spiegelt sich in ihren Raumaneignungs- und Raumnutzungsaktivitäten wider.

Einen ersten Einstieg in die Welt der Writer-Mädchen fand ich durch die Graffiti-Workshop-Leiterin einer Mädcheneinrichtung. Durch sie lernte ich die ersten Mädchen kennen. So ging das weiter, bis ich 13 Mädchen aus der Berliner Szene kannte. Neun von ihnen willigten in ein Interview ein. Die Mädchen kennen sich untereinander, wenn auch in manchen Fällen nur unter ihrem Writer-Namen, bilden aber keine Writer-Crew oder ähnliche Verbindungen. Alle stammen aus Berlin, mit der Ausnahme von SONNE, die in einer kleineren Stadt wohnt, aber sehr oft in Berlin malt. Was mir auf Anhieb auffiel war, dass trotz der Vielzahl von Writern, die es in Berlin gibt, immer noch sehr wenige Mädchen in der Szene vertreten sind. Wie viele Mädchen wirklich aktiv sind, kann nicht eindeutig gesagt werden. Writing ist keine anonyme oder unsichtbare Jugendkultur. Dennoch ist es schwierig über die gesprayten Pseudonyme zu den Menschen, die dahinter agieren, zu gelangen. Die befragten Writer-Mädchen haben unterschiedliche Auffassungen über Graffiti, dennoch fühlen alle, dass es etwas besonderes ist, wenn ein Mädchen sprüht. Dies bringt ihnen nicht immer nur positive Reaktionen. Gerade durch ihre Rolle als Mädchen in einer jungendominierten Szene stoßen einige von ihnen immer wieder auf Grenzen, die ihnen seitens der Jungen eingeräumt werden. Sie werden oft nicht ernst genommen, belächelt oder bewusst ausgeschlossen. Diese Erfahrungen teilen viele meiner Interviewpartnerinnen. Einige andere wiederum hatten diesbezüglich nie Probleme.

Um noch andere Writer-Mädchen kennen zu lernen, beteiligte ich mich an der Organisationsgruppe des ›Crossover‹, eine Graffiti-Jam am Alexanderplatz in Berlin, die am 11.05.2002 stattfand. Zum ersten Mal wurde hier den Mädchen eine eigene Fläche zugestanden. Die Jungen reagierten hier zum Teil sehr ablehnend. Das konnte ich am eigenen Leib erfahren, als ich mit den Mädchen zusammen die Fläche grundierte.

Daraus entstand die Idee die erste »All Girl Graffiti Jam« in Berlin zu organisieren. Am 28. Juli 2002 fanden sich Mädchen in Berlin-Mitte, um die Außenfassade eines Kulturzentrums zu verschönern. Daneben wurde auch ein Workshop für interessierte Graffiti-Neulinge abgehalten. ›Neue‹ Mädchen für meine Interviews fand ich dadurch nicht. Dennoch wurde hier versucht für die Mädchen einen Raum zu schaffen, indem sie in Ruhe malen und lernen können ohne Wertung durch Freunde oder männliche Szeneangehörige.

## 8.1 FORSCHUNGSERGEBNISSE

Angeregt durch die Frage, wie sie zum Graffiti gekommen sind, erzählten die befragten Mädchen ihre Geschichte, die kürzer oder länger sein konnte. Die Interviews dauerten zwischen 20 und 90 Minuten. Nur bei einem Mädchen wurde das Interview auf ihren Wunsch nach 10 Minuten abgebrochen. Die Namen der Mädchen werden, aus verständlichen Gründen, nicht preisgegeben. Ich verwende ihre legalen Pseudonyme, mit Ausnahme von einem Mädchen, deren Name ich geändert habe. Die Interviews wurden nach der Methode des narrativen Interviews vorbereitet und durchgeführt. In einigen Fällen finden sich jedoch Mischformen der eigentlichen Methode mit Elementen des teilstrukturierten Interviews wieder. Dies ergab sich in einigen Situationen von selbst, da die Mädchen oft darauf drängten, dass ich Fragen stellte.

### 8.1.1 Die Situation von Mädchen im Writing

Im Writing sind Mädchen ihren männlichen Kollegen zahlenmäßig weit unterlegen. Auch heute noch ist es etwas besonderes, wenn ein Mädchen sprüht. Die befragten Mädchen spüren diese Einzigartigkeit und fühlen sich darin auch wohl. Sie wollen aus der Masse herausstechen, grenzen sich selbst von anderen ›normalen‹ Mädchen ab. Dennoch bewegen sich die Mädchen in einer Welt der Homeboys, in einer Welt, in welcher Mädchen und Frauen oft zu ›Bitches‹ abgewertet werden. Das erfahren viele Mädchen in der Szene, einige jedoch nicht. In meinen Interviews findet sich keine Einigkeit bezüglich dieses Themas. Einige Mädchen berichten negative Erfahrungen mit Writer-Jungen, andere hatten diesbezüglich nie Probleme. CERA schildert ihre Erfahrungen folgendermaßen: »*Ja, weil man zum Teil ziemlich fertig gemacht wird von den Jungs. Und viele Mädchen da, denk ich mal, keinen Bock drauf haben und da nicht immer irgendwie was beweisen müssen.*« (13/31-33)

JUDY wurde oft als ›Fame-Bitch‹ bezeichnet: »*Ja, Fame-Bitch war das Hauptding, weil man da, also wenn man ein bisschen bekannter ist, als Mädchen, dass es nur daran liegt, dass man, ja, Sprüher-Freunde hatte oder dass man halt irgendwie mit jedem Typen was hat, obwohl's nicht Tatsache ist. Also, es war schon hart.*« (13/42-46). CHIKA macht immer wieder die Erfahrung, dass »*Mädchen da nichts zu suchen haben*« (12/8). Somit erfahren viele Writer-Mädchen nicht nur Einschränkungen in ihrer Kreativität, sondern auch in ihrem räumlichen Verhalten. Sie werden von Writer-Jungen verdrängt, nicht ernst genommen, belächelt oder von Aktionen ausgeschlossen. Diese Erfahrungen teilen viele der befragten Mädchen. Dennoch haben sie sich nicht davon abhalten lassen, das zu tun, was ihnen wichtig ist. Heute schildern viele Mädchen, dass sie – nach harten Kämpfen – Respekt und Anerkennung für ihr Schaffen erhalten haben. Jener ›respect‹, der im Writing so hoch gehalten wird, aber oft nicht für alle gilt.

Es gibt aber auch Mädchen, die überhaupt keine negativen Erfahrungen mit Jungen gemacht haben. In allen Fällen sind dies Mädchen, die bereits in den Anfängen schon intensiven Kontakt zu anderen Writer-Jungen hatten, die sie unterstützten und ihnen vieles beigebracht haben. Dennoch sind auch innerhalb dieser Konstellation Rollenklischees vorhanden, was die Mädchen auch kritisieren. Die betroffenen Mädchen schildern positive Erfahrungen als Mädchen in der Szene oder der Crew. Sie sind etwas Besonderes. Diesen Status genießen sie auch. SONNE dazu:

> *»Also, ich merk immer wieder, dass es irgendwie noch so was Besonderes ist. Dass viele Leute so: ›Ah guck, da ist ein Mädchen, das malt‹, oder wenn man in irgend'nen Dosenladen geht, wird man angeguckt, als hätt man irgendwie Ausschlag im Gesicht. Und ich denk mir: ›was hat er denn? Achso, du bist ja ein Mädchen‹. (lacht) Aber manchmal kann man sich auch total täuschen, also die Reaktionen sind immer total unterschiedlich. Manchmal gibt es ja Männer, so Jungs, die es gut finden, dass ein Mädchen malt und andere wiederum finden's halt total blöd und ich find eigentlich beides doof, weil naja obwohl nicht direkt beides doof, ich find's blöd, wenn man irgendwie so ausgegrenzt wird, weil man ein Mädchen ist.« (21/18-26)*

Writing ist ›in‹, es wird immer mehr Mädchen geben, die malen werden. CHIKA meint in diesem Zusammenhang: »*Ich kann mich irgendwann mal hinstellen und sagen: ›Hey, das ist mein Bild und mir gefällt es so‹ und: ›Ja, ich will jetzt Respekt!‹*« (12/39-40)

### 8.1.2 Die Raumnutzung und Raumaneignung von Writer-Mädchen

In den Interviews habe ich immer wieder versucht die Aufmerksamkeit der Mädchen auf ihr räumliches Verhalten zu lenken. Dabei entwickelte ich zwei Vorgehensweisen: Zum einen befragte ich sie, an welchen Orten sie sprayen und ob sie sich auch generell an diesen Orten aufhalten. Zum anderen interessierten mich auch ihre illegalen Sprühaktionen. Zu diesen Fragen finden sich Gemeinsamkeiten und Unterschiede zwischen den befragten Mädchen, die im Folgenden erläutert werden.

Ganz egal welche Fragen ich zu Orten, Räumen oder anderen Aufenthaltsplätzen stellte, eines zog sich durch alle Interviews durch: ›draußen‹ – als Signalwort, als Symbol für die Raumnutzung und Raumaneignung der befragten Mädchen.

Dazu JUDY und CERA:

> JUDY: »*Also, die meiste Zeit war ich wirklich draußen, weil zu Hause gab's nicht so viel, was mich irgendwie gehalten hat.*« (15/20-21)
>
> CERA: »*Ja, also wie gesagt, also entweder draußen irgendwo auf der Straße oder im Park oder im U-Bahnhof. Oder auf ner Party, ganz normal halt.*« (15/17-18)

Die Bedeutung von ›drinnen‹ und besonders von ›draußen‹ sind zentrale Punkte in den Interviews. Auf die Frage »Kannst du dich noch mal zurückerinnern an deine Anfangszeit? Wo hast du da so gesprüht?« antwortete CERA: »*Also ich war entweder zu Hause oder bei Freundinnen, besonders bei der einen Freundin, mit der ich da angefangen hab. Und dann haben wir halt gemalt oder direkt draußen an der Wand.*« (14/7-10) Für die Erzählerin ist nicht wichtig, wo genau sie nun gemalt hat, wichtig ist nur, dass sie ›draußen‹ war. Der Schritt nach Außen, das Outing als Writer sozusagen, war für alle Mädchen ein zentraler Einschnitt in ihrem Leben. ARON: »*Dass ich jetzt weiß, der erste Schritt aus dem Haus, wo man sagt, ok jetzt geh ich malen. Damit fängt es irgendwie an. Dann guckt man rum, wo kann ich jetzt, wo kann ich jetzt.*« (33/41-43) Für die Mädchen ist zunächst der Schritt in die Außenwelt wichtig, der konkrete Ort spielt anfangs nur eine untergeordnete Rolle.

Bei den meisten der befragten Mädchen war der Weg vom Interesse für die Sache bis zum Malen an spezifischen Orten ein langer. Sie malten anfangs zu Hause, in ihrem Zimmer, versuchten Skizzen zu malen, Pieces von bekannten Writern nachzuzeichnen oder übten auf Brettern oder in einem Workshop einer Jugendeinrichtung.

> »*Dann hab ich mit 12 Jahren ungefähr, hab ich auch mal versucht, so Skizzen zu machen und so. Hab aber immer, bin aber immer ein bisschen verzweifelt, [...] und hab's dann eigentlich immer wieder aufgegeben. Da hab ich noch nicht richtig angefangen und dann irgendwann hab ich dann von mir alleine aber heraus, so mit 16 Jahren, 15,16, hab ich dann noch mal so starkes Interesse daran entwickelt...* « (YASD, 1/10-15).

ARON meint dazu:

> »*Naja, es war komisch, am Anfang hab ich mich natürlich nicht auf die Straße getraut, bin immer irgendwie in meinem Zimmer 'rumgerannt und hab da alles Mögliche versucht und hab dann auf Brettern, die mir meine Mutter zur Verfügung gestellt hat, lustige Striche gemacht. Naja, das war nicht besonders groß, das ging erst später los, dass ich auf die Straße bin.*« (28/5-8)

Die beiden Beispiele verdeutlichen, dass dieser Schritt (auf die Straße), vor allem mit Selbstvertrauen, Selbstbewusstsein und Mut verbunden ist. Anfangs ›trauten‹ die Mädchen sich noch nicht, sich in der Öffentlichkeit zu präsentieren. In vielen Fällen glaubten sie, noch nicht ›so gut zu sein‹ oder sie hatten Angst vor dem ›Draußen‹.

Gerade bei ARON trifft diese Angst vor dem ›Draußen‹ zu: Sie erzählt mir, wie sie zum ersten Mal nachts alleine raus ging, um zu malen. Auf die Frage: »Und wie war das für dich alleine in der Nacht unterwegs zu sein?« antwortet sie:

> »*Naja, einerseits war's unheimlich, weil ähm ich mein wie alt war ich denn damals, 12, 13, ich war nicht besonders klein, aber auch nicht besonders groß. Also immer so dieses kleine Mädchen, das immer gucken muss, dann hat'se aber nicht nur Angst, dass jemand böses vorbeikommt, der sie irgendwie schlägt, sondern dann hat sie auch noch Angst, dass jemand von den Leuten von ihrem Cousin vorbeikommt*[45]*, der sie irgendwie sehen könnte und sagt was sie da mitten in der Nacht macht.*« (33/34-40)

Die Erfahrung der Dunkelheit alleine zu begegnen ist für sie unheimlich. Es ist nicht nur die Angst vor der Nacht, die sie hier erfahren muss. Vielmehr hat sie, als »kleines Mädchen, das immer gucken muss«, Angst vor körperlicher Gewalt, sowie Angst vor dem Versagen als Writer, da sie ja von den Leuten ihres Cousins entdeckt werden könnte. Zentral ist jedoch, dass sie trotz aller Ängste den Schritt nach draußen gewagt hat.

Die ersten Orte des Agierens sind Durchgänge von Neubaugebieten (vor allem im Ostteil der Stadt und in zwei Fällen auf dem Land), Tunnel, Wände, die hinter Hecken versteckt sind oder Baustellengebiete. Alle stellen sogenannte geschützte Orte dar, da sie kaum frequentiert sind und die Mädchen somit ungestört sind und sie an diesen Stellen auch nicht gesehen werden. ARON dazu: »*Dass ich einfach nur für mich war und dass ich daher immer geguckt hab, wo ist es am geschütztesten. Also erstens wo ist es am geschütztesten und zweitens wo hab ich auch meine Ruhe*« (35/21-23). Ähnliche Aussagen finden sich auch bei anderen Mädchen. Es ist den Mädchen oft nicht wichtig (gerade zu Beginn ihrer ›Writer-Karriere‹), dass das gesprühte Bild gut gesehen werden kann. Der Ort, den sich die Mädchen aussuchen, hat einen anderen Charakter.

---

[45] Zur Erklärung: Sie malt zum ersten Mal alleine in einem kleineren Ort in Sachsen, wo sie die Sommerferien verbracht hatte. Ihr Cousin ist anerkannter Writer in diesem Ort.

Es geht hier (noch) nicht um die Erlangung von Fame bei anderen Szenemitgliedern, sondern um die Befindlichkeit der Mädchen selbst. Durch diese geschützte Ortsauswahl besiegen sie ihre Angst, was ihr Selbstvertrauen stärkt und ihnen Mut für neue Aktionen macht. Somit kann von einer geschlechtsspezifischen Auswahl von Räumen und Orten gesprochen werden. Mädchen fühlen sich an sicheren Orten wohler und können ihren Tätigkeiten ruhiger nachgehen.

Die Motivation nach ›Draußen‹ zu gehen ist verschieden. Bei ARON ist es vor allem der eigene künstlerische Ausdruck, es geht um sie selbst. Ihre Eltern sehen Graffiti als Kunstform, dadurch ist sie motiviert wirklich ›gut‹ zu werden. Dies findet sich bei fast allen Mädchen. Graffiti als künstlerischer Ausdruck, als Selbstbestätigung und Anerkennung von Außen. Dennoch spielen auch andere Gründe eine Rolle. YASD schildert ihr erstes illegales Malen so:

> »*Das war in so nem Hauseingang gewesen, in so ner Unterführung wie hier auch. Und da sind wir dann nachts losgezogen, aus Spaß so und haben gedacht: ›Cool, sprühen‹. Und haben da angefangen und dann sind da irgendwelche Leute gekommen und wir hatten so ne Angst, dass wir weggerannt sind und haben die ganzen Dosen dort stehen lassen. Wir haben's eigentlich nur für den Spaß gemacht. Nicht, weil wir ein Bild von uns sehen wollten, sondern einfach bloß die Aktion für sich.*« (3-4/50-51 u. 1-4)

Spaß, Coolness und Adrenalin sind wichtige Gründe für das Sprühen. SONNE dazu: » *...wenn man dann merkt, da hat man den übelsten Adrenalinstoß bekommen, ist stolz eigentlich darauf, was man da gemacht hat, weil das ist sehr wichtig, dass man das nicht einfach nur so macht.*« (19-20/51 u. 1-2) Auch für JUDY ist es ein Nervenkitzel, der dabei ebenfalls eine Rolle spielt.

Es ist auch der Drang nach Abenteuern, die Lust zum Entdecken, was die Mädchen dazu bewegt nach Außen zu gehen. Durch das Sprayen gelangen sie an Orte, an denen sie zuvor noch nie waren. Sie eignen sich neues Territorium an. Ich spreche hier von einem Entdeckerdrang, der in der Regel Jungen zugesprochen wird. Dies veranschaulicht besonders ein Zitat von ZIPO, indem sie ihre erste illegale Malaktion folgendermaßen beschreibt:

*»Ich war einmal mit meiner Freundin malen, die konnte gar nicht malen und ich hatte nur so nen Entwurf so. Der sieht auch ziemlich scheiße aus, aber den hatten wir zwischen Bornholmer und Pankower*[46] *gemacht. Letzten Sommer haben wir den ungefähr gemacht, letzte Sommerferien. Ja, da war halt alles zugebaut, wir mussten über Zäune klettern und so und haben da an einem ziemlich neuen Brückenteil gemalt, wo noch nichts dran war, nur daneben so. Wir haben uns da halt Platz genommen. Und das ganze wurde jetzt eingerissen, aber genau unser Teil steht noch da und ist sehr gut sichtbar (lacht). Die ganzen S-Bahnen fahren da vorbei und ich find's ehrlich gesagt, naja es sieht noch nicht so gut aus, aber die S-Bahn fährt halt vorbei.«* (5/50-51 u. 6/1-7)

ZIPO schildert hier ein Abenteuer, sie klettert gemeinsam mit ihrer Freundin über Zäune. Und genau da, »wo noch nichts dran war« greift sie aktiv in das Stadtbild ein und verändert es. Sie nimmt sich ihren Platz, eignet sich einen Ort an, der scheinbar niemandem gehört und markiert ihn mit ihrem Namen. Das Bild wäre zwar nicht besonders gut, aber es kann von der S-Bahn aus gesehen werden. Und darum geht es schließlich im Writing[47]. Die Motive, die dahinter stehen, können folgendermaßen zusammengefasst werden:

- Abenteuerdrang, Nervenkitzel (Adrenalin!)
- Veränderungswille
- Einzigartig sein
- Inbesitznahme von Orten
- Präsenz zeigen, sichtbar sein
- um schließlich Anerkennung (Fame) dafür zu erhalten

Wie eignen sich Writer-Mädchen nun ihre Räume an? Nachdem der erste Schritt nach ›draußen‹ geschafft wurde, halten sich die Mädchen zunächst in ihrer unmittelbaren Wohnumgebung auf, wo sie auch sprühen. Nach und nach werden konkrete Orte wichtiger. Die Mädchen malen an sogenannten Hall of Fames (z.B. Mauerpark in Berlin-Prenzlauer Berg) oder an anderen legalen Wänden. Beim illegalen Malen sind dies Orte, die von anderen gut gesehen werden können, wie beispielsweise Orte, die an der S-Bahnstrecke liegen oder Orte, wo an besonders gefährlichen Stellen gesprüht wird. Dazu CERA:

[46] Befindet sich im Norden von Berlin, die beiden Straßen trennten Ost- und Westberlin.
[47] Siehe Kapitel 7

*»Also erst mal war das so die Gegend, wo man wohnt, würd ich sagen. So am eigenen Haus und so. Also, dass man da präsent war. Dann eher so wo ne gute Stelle war oder an der S-Bahnstrecke. Oder dann mal, wo man sonst nicht so hinkommt. Oder wir waren an der S-Bahnstrecke radfahren und haben uns ne Stelle ausgesucht zum malen. Oder wenn wir halt abends unterwegs sind auf ner Party oder so, dass ich halt auch Dosen mitnehme und einfach Tags mache. Einfach irgendwo sprühen, wo wir Lust haben oder wo es sich halt anbietet. So halt.«* (15/28-34)

Auch JUDY äußert in diesem Zusammenhang ähnliches: »*Dass man am Anfang eher so geschützte Stellen, oder auf jeden Fall, die in der Umgebung, von der Wohnung oder so. Auf Dauer wird das ein bisschen langweilig und dann ist es schon so ein Nervenkitzel, dass man sich gefährlichere Sachen sucht.*« (15/35-38)

Die Orte, an denen die Mädchen malen, sind in der Stadt verstreut. Dabei sind aber nicht nur die konkreten Orte wichtig, sondern auch die Räume dazwischen. Sie werden wahrgenommen, denn sie sind mit bestimmten Namen verbunden. SOUND dazu:

*»Indirekt ist es, es gibt ja schon soviel, wenn irgendwo ne neue Sache dran ist, die wirklich gut ist und auffällt, dann fällt mir das selber auch auf, aber wenn, was weiß ich, zwei Tags in der Straße neu sind, lauf ich da dran vorbei. Aber man guckt halt schon immer. Man orientiert sich teilweise daran, also wenn jetzt irgendwo ne Party ist, und man nicht weiß, wie man dahin kommt, dann teilweise nur so die Straße und dann ›da wo das große ELP ist‹ oder so. Nicht da wo der Supermarkt ist. Es wird halt viel dann auch über die Bilder kommuniziert. Wenn ich halt in einer anderen Stadt bin, dann guck ich auf jeden Fall gleich aus dem Fenster, wie wird da gemalt, was ist da für ein Stil vorhanden, ob die Leute halt viel machen oder nicht oder die Stadt sauber ist oder halt schön bunt (lacht).«*

Das heißt, dass ein Ort durch ein Piece, ein Tag oder ein Bombing eine völlig neue Bedeutung – zumindest für die Writer – erhält. Der neu gestaltete, in Besitz genommene Ort hat eine bestimmte Funktion: Er dient als Orientierungspunkt in einer unübersichtlichen Stadt. Darüber hinaus kann das Bild in der Stadt als Markierung und Revierabgrenzung gedeutet werden. Die Jugendlichen markieren ihre Bereiche mit ihren Namen: Es ist ein Versuch der Jugendlichen nicht in der Masse der Großstadt unterzugehen, die anonyme Großstadt wird für sie persönlicher. Die Orientierungspunkte der Jugendlichen durch die Bilder sind kurzlebig, denn Wände werden immer wieder überstrichen. Das heißt, dass nicht nur das Graffiti der Mädchen und Jungen an sich verschwindet, sondern auch die Räume, die damit verbunden sind. Writer müssen sich stets auf neue Raumkonstellationen einlassen. Der Weg durch die Stadt, ob mit oder ohne Dose, ist ein Auf- und Abtauchen in eine Welt der Bilder. Das hängt auch damit zusammen, dass sie sich beim Malen auf illegalem Terrain bewegen. Sie müssen ständig auf der Hut sein. Es ist ein Nervenkitzel mit der Dose in der Hand unterwegs zu sein. Die Auswahl der Räume ist wohlüberlegt. Die Stelle muss geeignet sein, es müssen Sicherheitsvorkehrungen getroffen werden und es muss rasch gehen. Der Akt der Raumaneignung verläuft somit schnell. Er ist jedoch kurzlebig, denn die Writer sind nach Fertigstellung des Bildes wieder weg. Sie sind kurz aufgetaucht, um dann wieder in der Masse zu verschwinden. Der neue, veränderte Raum wurde genutzt und mit dem Namen in Besitz genommen. Es ist eine Raumaneignung, die der Öffentlichkeit präsentiert wird. Respekt und Anerkennung dafür können jedoch nur in der eigenen Szene erreicht werden.

Writer sind außerdem sehr mobil, nicht nur in der eigenen Stadt in der sie wohnen, sondern sie reisen generell sehr viel. Aus den verschiedenen Graffitimagazinen kennen sie viele Hall of Fames, die sie auch besuchen um dort selbst zu malen. SOUND (23 Jahre) und SONNE (22), die ältesten jungen Frauen, die ich interviewte, reisen sehr viel. Es geht hier um das Entdecken der Kultur, der sie selbst angehören und um das Kennenlernen der verschiedenen Styles und auch der Writer selbst. Auch sind sie immer wieder auf der Suche nach jungen Frauen, die auch sprühen.

Fünf von den befragten Mädchen gehen illegal malen, vier jedoch überhaupt nicht. Die oben dargestellte Raumaneignung von Writer bezieht sich vorwiegend auf die Mädchen, die illegal sprühen. Bei den Mädchen, die vorwiegend an legalen Wänden, Hall of Fames, in Jugendeinrichtungen oder auf Jams malen, sieht die Aneignung von Räumen anders aus. Sie bewegen sich in für sie vorgefertigten Strukturen. Abenteuerdrang und Nervenkitzel spielen dabei eher eine untergeordnete Rolle. Dennoch nehmen sie sich Platz, eignen sich Räume an, die für sie geschaffen wurden. Hier kann von einer verhäuslichten Raumaneignung gesprochen werden. Besonders der Mauerpark in Berlin-Prenzlauer Berg hat eine große Bedeutung für jene Mädchen. Er ist einerseits ein Treffpunkt für junge Menschen, andererseits ein legaler Ort zum Malen. Jedoch wurde diese Hall of Fame dieses Jahr (2002) illegalisiert[48]. Damit ist den Jugendlichen nicht nur ein legaler Raum weggenommen worden, sondern auch ein sozialer Treffpunkt. Ausweichmöglichkeiten sind Jugendeinrichtungen oder eben die Straße. Doch gerade Graffiti im Straßenraum wird zunehmend kriminalisiert, da die Jugendlichen Orte in Besitz nehmen, die ihnen juristisch gesehen nicht gehören. YASD zum Mauerpark:

> *»Heute mal ich immer noch im Mauerpark. Hoff ich, dass es wieder so kommt. Also, der ist jetzt illegalisiert worden seit ner Weile. Es gibt aber trotzdem noch genug Leute, die dort malen und deswegen glaub ich, dass ich da schon wieder malen werde, weil der mir sehr wichtig ist. Da hab ich eben angefangen und das ist auch die beste Möglichkeit in Berlin um überhaupt zu malen. Dann hier an der Feuerwache, am ACUD hab ich letztens gemalt. Und das sind jetzt halt auch ein bisschen Ausweichmöglichkeiten, weil ich halt jetzt lange nicht mehr am Mauerpark war, wegen dieser Aktion, Denkmalaktion. Und, zum Beispiel in Karlshorst gibt es so ein altes Fabrikgelände, da haben wir auch letztens gemalt. Oder in der Nähe vom Mauerpark ist auch so ne Wand. Das ist halt alles so ein bisschen halb illegal. Und deswegen ist es ein bisschen schwierig, aber ich werd auf jeden Fall wieder sehr viel im Mauerpark malen.«* (3/7-17)

Interessant sind auch die Orte der Mädchen abseits von Graffiti. Es sind in allen Fällen Orte, die ›draußen‹ sind. Parkanlagen, Seen, Straßenräume, Baugelände und öffentliche Plätze in Berlin. Gerade der Alexanderplatz im Ostteil der Stadt und der Breitscheidplatz (am Ku'damm) im Westen Berlins werden von zwei Mädchen genannt. Beides sind soziale Treffpunkte für Jugendliche aller Szenen. Sie sind soziale Knotenpunkte. Obwohl öffentliche Plätze bevorzugte Freizeiträume darstellen, üben die Mädchen Kritik an ihnen. ZIPO schildert ihre Erfahrungen so:

> *»Ich wohn' so zwischen dem Mauerpark und Helmholtzplatz, aber mehr zum Helmholtzplatz. Da ist ein Kinderspielplatz und ein Basketballplatz und dann auch nur abends wenn da schön frei ist und weil da mehr Zeit ist, aber da hängen auch diese Alkoholiker ab. Ich weiß, die können auch alle ganz nett sein, aber... Und am Mauerpark sind halt die ganzen Kiffer und so. Im Mauerpark ist es zwar schön 'rumzusitzen, [...] aber meistens sind wir halt immer unterwegs irgendwie.«* (7/10-16)

Die Raumaneignung von Writer-Mädchen vollzieht sich in drei Stufen: Der Weg vom ersten Kontakt mit Graffiti, dem Interesse und der Begeisterung für die Sache,

---

[48] Der Mauerstreifen im Mauerpark steht unter Denkmalschutz. Aus diesem Grund ist das Sprühen nun nicht mehr gestattet. Die Writer haben keine Lobby. Auch wurde für die Jugendlichen kein Ersatz für diese legale Malmöglichkeit geschaffen.

bis zum ersten Sprühen ist lange. Oft dauerte es Jahre bis sie den Mut haben, sich in der Öffentlichkeit zu präsentieren. Am Anfang steht die Aneignung des Mediums selber. Der Umgang mit der Dose muss erst gelernt werden. Dabei halten sich die Mädchen zurück, sie gehen nicht einfach los und taggen die Straßen zu. Der erste Schritt nach ›Draußen‹ war für die befragten Mädchen ein großer Einschnitt in ihrem Leben. Alle können sich noch genau erinnern, wie und wo das war. Angst spielt bei allen eine Rolle. Die ersten Schritte in ihren ›neuen‹ Räumen machen die Mädchen in ihrer unmittelbaren Wohnumgebung oder in einem Workshop einer Jugendfreizeiteinrichtung. Konkrete Orte spielen zu diesem Zeitpunkt (noch) eine untergeordnete Rolle. Erst wenn sich die Mädchen sicher genug fühlen, ihren ›Style‹ gefunden haben und Anerkennung für ihr Tun erhalten haben, entwickeln sie einen Entdeckergeist, der sie zu ›entfernteren Inseln‹ in der Stadt bringt. Abenteuerdrang, Adrenalin, Neues schaffen wollen, Präsenz zeigen und Fame erhalten sind dabei die Motive, die hinter der Raumauswahl und der damit verbundenen Raumaneignung stehen. Dies gilt vor allem für Mädchen, die sich im illegalen Raum bewegen. Bei Mädchen, die legal malen, sieht die Raumaneigung etwas anders aus. Die erste und zweite Stufe ist dieselbe, danach bewegen sie sich auch zu Inseln, die in der Stadt verstreut sind (also legalen Malmöglichkeiten), aber sie müssen sich ihre Räume nicht erst schaffen, sondern sie sind bereits für sie vorgefertigt worden. Sie finden in der Regel ein vorstrukturiertes Feld. Aus diesem Grund spreche ich in diesem Zusammenhang von einer verhäuslichten (und oft einer institutionalisierten) Raumaneignung. Bei illegalen Writer-Mädchen gehe ich von einer ›wilden‹ Raumaneignung aus.

# 9 Gesamtzusammenfassung

Die vorliegende Studie stellt den Versuch dar, soziale Räume, deren Aneignung und Nutzung durch Mädchen aus der Writer-Szene zu verbinden. Es ist ein Versuch, der nicht nur einen theoretischen, sozialwissenschaftlichen Zugang zum Thema ›Raum‹ an sich finden will. Über wissenschaftliche Modelle zur Raumaneignung hinaus werden die soziale und geschlechtsspezifische Nutzung und Aneignung von gesellschaftlichen (und somit öffentlichen) Räumen durch Mädchen diskutiert. Anhand eigener Interviews wird ein Feldzugang in die Welt der Writer-Mädchen gefunden.

Graffiti stellt ein urbanes Phänomen dar. Es ist Teil des Stadtbildes. Graffiti wird jedoch unterschiedlich wahrgenommen: Für die einen ist es Vandalismus, Sachbeschädigung oder ›Schmiererei‹, für die anderen Kunst von Jugendlichen, welche die ›graue Stadt‹ verschönern will. Das Thema an sich ist ambivalent, es wird von der Öffentlichkeit unterschiedlich bewertet. In einer solchen Vielfalt von Meinungen, ist es schwierig, eine ›richtige‹, eine ›wahre‹ Position dazu zu finden. Selbst in der Szene, wird darüber gestritten, was zum Graffiti dazugehört und was nicht. Tags werden beispielsweise nicht von allen Writern akzeptiert. In dieser Studie wird vor allem die Sichtweise der befragten Mädchen und der Autorin dargestellt. Mit Hilfe von narrativen Interviews versuchte ich Antworten auf meine Fragestellung zu erhalten. Die gewählte Forschungsmethode stellt eine qualitative Möglichkeit dar, das Thema ›Raumaneignung von Mädchen in der Writer-Szene‹ zu beschreiben.

Graffiti hat eine enorme Bedeutung im Lebensalltag der befragten Mädchen. Writing ist Aktion, Gefühl und (Lebens-)Einstellung, was durch die Bilder vermittelt wird. Dazu einige Definitionen von den befragten Mädchen:

> »*Das ganze Kennenlernen von so unterschiedlichen Menschen, die alle dasselbe machen. Dann das Ausleben der Kreativität natürlich.. [...] Am Ende kommt was raus, wo man richtig zufrieden ist damit, so 'ne innere Zufriedenheit, das find ich einfach super wichtig so für's Leben.*« (SONNE, 24/30-31, 33-35)

> »*Es ist einfach ein Teil von meinem Leben [...] das gehört halt zu meinem Leben dazu.*« (SOUND, 42/5-6)

*»Es ist halt 'ne Ausdrucksform. Wenn man schlechte Laune hat, dann kann man losgehen und losmalen, das sieht dann auch nach schlechte Laune aus, aber es geht einem dann auf jeden Fall besser.«* (CERA, 16/2-4)

*»..weil es einfach ein ganz bestimmtes Lebensgefühl ist, das man lebt, man geht einfach mit einem ganz bestimmten Gefühl durch die Straße, weil man weiß oder wenn man sieht, ok, das ist jetzt von mir, das ist einfach so ein Gefühl, man kann's eigentlich nicht beschreiben.«* (ARON, 29/30-33)

*»Für mich ist es 'ne Ausdrucksform und dass man sich dann auch, man hat was geschaffen.«* (JUDY, 16/5-6)

*»Weil, das ist auch ne ganz andere Welt, die man entdeckt so. Das hat mir auch viel gegeben, der Mauerpark und diese ganze Atmosphäre.«* (YASD, 4/10-12)

Die Mädchen entdecken eine ›ganz andere Welt‹, eine Welt, in welcher sie nicht nur ihrer Kreativität freien Lauf lassen und etwas schaffen können, ihnen wird vor allem auch etwas zurückgegeben: Sie gewinnen Freundschaften, sie erhalten Respekt und Anerkennung für ihr Tun, sie verfolgen einen Weg, haben eine Perspektive. Sie entwickeln ein ganz bestimmtes Lebensgefühl, das sie mit anderen teilen. Sie können ihre Gefühle über das Medium Dose ausdrücken, sie verändern die Welt und schaffen etwas Neues. Graffiti fördert das Selbstbewusstsein der Mädchen: Sie präsentieren ihre Identität im öffentlichen Raum. Eine Identität, die von den Mädchen selbst geschaffen wurde. In der Regel verfügen Writer über mindestens drei Identitäten. Die wahre Identität, die legale und eine illegale. Manche haben sogar mehrere illegale Namen. Dasselbe gilt, wenn frau/man Mitglied einer Crew ist. Der Name der Gruppe verkörpert die legale oder illegale Identität einer Zusammengehörigkeit von Writer. SONNE beschreibt die Bedeutung ihres Namen folgendermaßen:

*»Also, ich mal' ›Sonne‹. Und der Name, der bedeutet mir eigentlich richtig viel. Den hab ich mir nicht selber gegeben, der ist durch meine Familie entstanden, hauptsächlich durch meinen Onkel, der hat das halt immer so gesagt. Und das hat sich dann so eingebürgert, dass ich in der Familie nur noch so genannt wurde. Und das war eigentlich klar, dass ich so den Namen mal. Ich kann mich natürlich gut damit identifizieren.«* (24/13-19)

Die Namen der anderen befragten Mädchen ergaben sich in den meisten Fällen aus der Kombination der Buchstaben, die gut zusammenpassen und somit gut gemalt werden können. Die Namen von YASD und CHIKA haben jedoch eine mädchenspezifische Bedeutung: YASD leite ich vom Englischen ›just‹ ab, was ›nur‹ bedeutet. Ich interpretiere dies in Richtung ›I'm just a girl‹[49]. Mit dem ›Kleinmachen‹ im Namen kokettiert YASD (wie die Sängerin von ›No Doubt‹) mit der vorherrschenden Unterschätzung als junge Frau und Künstlerin. Mädchen werden oft in der Writer-Szene belächelt, abgewertet. In diesem Sinne: »I'm yasd a girl«. CHIKA steht für Mädchen (umgangssprachlich im Spanischen und Lateinamerikanischen für Mädchen).

Ich benutze die legalen Writer-Namen der Mädchen, ihre illegalen Namen geben die Mädchen niemandem preis. Nur sehr gute Freundinnen oder Mitglieder ihrer Crew wissen die illegalen Namen der Sprüherinnen. Im Laufe der Durchführung und Analyse der Interviews war ich immer wieder auf der Suche nach den verschiedenen Identitäten der Mädchen, da sich in ihnen auch ihre sozialen Räume spiegeln. Es haben mich somit alle drei Räume der Mädchen interessiert:

- der ›normale‹ Raum
- der legale Raum
- der illegale Raum der Mädchen

Der ›normale‹ Raum der befragten Mädchen stellt Orte dar, die vor allem ›draußen‹ sind. Es sind Orte in Parks, öffentliche Plätze (Alexanderplatz, Breitscheidplatz), Seen, Häuser- und Garagenruinen, Baustellengelände, wo sich die Mädchen mit ihren FreundInnen treffen. Genannt werden auch private Orte, wie zu Hause oder bei Freundinnen.

Im legalen Raum finden die Mädchen vorwiegend vorgefertigte Strukturen vor. Es sind in der Regel Orte, die für sie geschaffen wurden. Dazu zählen Jugendeinrichtungen oder Hall of Fames. Dennoch liegt es in den Händen der Mädchen, wie sie sich diesen Raum aneignen. Das ›Crossover‹, eine (legale) Graffiti-Jam am Alexanderplatz, kann als Beispiel hierfür genannt werden. Seit Jahren malen hier vorwiegend Jungs, die in der Szene einen besonderen Fame genießen. Für das Crossover am 12. Mai 2002 beteiligte ich mich an der Organisationsgruppe. Es war mir ein Anliegen, dass ›meine‹ Mädchen an diesem Event teilnehmen konnten. Schon in den Vorbereitungstreffen machte sich Skepsis

---

[49] In Anlehnung eines Songs von No Doubt.

unter den VeranstalterInnen (vorwiegend SozialarbeiterInnen) breit. Ob Mädchen überhaupt so gut sprühen können u.ä. wurde ich gefragt. Auch bei der Platzeinteilung war es schwierig, die S-Bahnseite[50] zu bekommen, da diese den guten Writern vorbehalten ist. Beim Grundieren der Flächen gab es immer wieder Streitereien mit den Jungen, die versuchten den Platz der Mädchen zu minimieren. Die feindliche Haltung der Jungen gegenüber der Mädchen schließe ich nicht nur auf das ›Nicht-Ernst-nehmen‹ der Mädchen, sondern auch auf den generellen Konkurrenzkampf im Writing. Wer am meisten Platz hat, kann am meisten Flächen besprühen und am besten wahrgenommen werden.

Es ist wichtig, gerade auch für Mädchen Freiräume zu schaffen, in denen sie sich ausdrücken und frei bewegen können. Die Mädchen sollen ermutigt werden, in Räume einzutreten, die ihnen lange versperrt waren. Ich nenne diese Art der Raumaneignung eine ›verhäuslichte‹.

Der illegale Raum hat für die Mädchen eine besondere Bedeutung. Hier erschließt sich den Mädchen eine Welt, die ihnen bis dahin völlig unbekannt war. Abenteuerdrang, Adrenalin, Veränderungswille, Präsenz und Fame sind dabei die Motive, die hinter dieser ›wilden‹ Raumaneignung stehen.

Graffiti wird in der vorliegenden Studie als sozialer Prozess gedeutet. Die Mädchen schaffen sich damit eine eigene soziale Welt, die sie selbst und ihre Persönlichkeit im weiten Sinne prägt. Die Entwicklung von einem Toy zum King oder zumindest zu einer anerkannten Malerin geht mit der persönlichen Entwicklung besonders während der Pubertät einher. Beide beeinflussen einander und wirken aufeinander ein. Gewinnt ein Mädchen Anerkennung und Ruhm in der Szene, äußert sich dies in ihrem Selbstverständnis, ihrer Reife und ihrem Selbstbewusstsein. Andererseits wirkt sich ein positives Selbstbild auch auf ihren Mut zu Aktionen und ›Zurschaustellung‹ ihrer Selbst in der Öffentlichkeit aus.

Ich gehe der Frage nach, wie sich Mädchen in der Writer-Szene Räume aneignen, wie sie öffentliche Räume nutzen und wie sie ihre selbst geschaffene soziale Welt wahrnehmen, wie sie sich darin bewegen und welche Bedürfnisse sie darin

---

[50] Am Alexanderplatz befindet sich das Berolinahaus. Darum herum ein Bauzaun, der für die Crossover Aktion besprüht wird. Die begehrteste Seite ist verständlicherweise, die zur S-Bahn liegende.

befriedigen. In der sozialwissenschaftlichen Literatur werden Mädchen oft als Opfer ihrer sozialräumlichen Verhältnisse gesehen. Mädchen würden den öffentlichen Raum seltener als Jungen nutzen. Außerdem wäre eine Mädchenkindheit vor allem in Institutionen und zu Hause zu finden. Nur allzu oft werden solche Ergebnisse als gegeben gehandelt[51].

Der männliche Freiraum wird dabei als erstrebenswert dargestellt, er wird zur Norm festgelegt (vgl. LÖW, 2001). Das muss geändert werden. Mädchen sollen sich nicht nach den Maßstäbe richten müssen, die von Seiten der männlichen Welt festgesetzt werden. So müssen sich Mädchen in dieser Jungenwelt nicht immer beweisen. Doch der Weg dahin ist schwierig, besonders wenn sich Mädchen in sogenannten jungendominierten Szenen bewegen, wie beispielsweise in der Writer-Szene. Die Maßstäbe für einen »richtigen« Writer werden von Jungen festgelegt. Meinen Beobachtungen zufolge dominiert bei Writer-Jungen der Ruhm, die Anerkennung und der Drang sich in einer illegalen Welt zu bewegen. Mädchen streben zwar auch nach Fame und Bestätigung, dennoch dominiert bei ihnen der Kunstaspekt, sowie die Ausdrucksmöglichkeit, die ihnen Graffiti bietet. Das Verständnis der Mädchen über Graffiti und ihre Befindlichkeit soll erzählt werden, unabhängig von vorher festgesetzten Normen aus der Welt der Homeboys. Mädchen werden als aktiv handelnde Subjekte wahrgenommen, die den öffentlichen Raum genauso nutzen wie Jungen. Da hier keine Jungen zu Wort kommen, können keine Vergleiche zwischen den Geschlechtern vorgenommen werden. Dass Mädchen den öffentlichen Raum weniger nutzen als Jungen, konnte bestätigt werden[52]. Dennoch sind sie im öffentlichen Raum nicht weniger sichtbar als Jungen. Der kleinere Aktionsradius, der Mädchen zugeschrieben wird, wurde nicht festgestellt. Allgemeine Aussagen über Mädchen können nicht getroffen werden. Dass Mädchen Einschränkungen in ihrem räumlichen Verhalten erfahren, konnte bestätigt werden. In den durchgeführten Interviews zeigen sich Einschränkungen im räumlichen Verhalten: Angst vor gewalttätigen Übergriffen, der Dunkelheit und vor allem Begrenzungen, die ihnen seitens der Writer-Jungen vorgegeben werden. Dabei habe ich ähnliche Beobachtungen gemacht, wie BÜTOW in ihrer Untersuchung (vgl. Kapitel 4.2.2).

---

[51] Es ist wichtig Ungleichheiten und patriarchale Strukturen aufzuzeigen, besonders wenn es um den öffentlichen Raum geht, der Mädchen und Frauen zu lange vorenthalten wurde.
[52] Angesichts dessen, dass es nur sehr wenige Mädchen im Writing gibt.

Writer-Mädchen sind sehr mobil, nicht nur in ihrer Stadt, sondern sie reisen auch sehr viel. Die Raumaneignung von Sprüherinnen kann mit dem Inselmodell ZEIHERS und dem Zonenmodell BAACKES[53] beschrieben werden. Sie eignen sich ihre ›neue‹ Welt zunächst zu Hause an. Hier fertigen sie erste Skizzen an und beschäftigen sich mit der Kultur, die dahinter steht. Der erste Schritt nach ›Außen‹, die Aneignung der unmittelbaren Wohnumgebung, die ›Veröffentlichung‹ der neuen Identität stellt die nächste Stufe der Raumaneignung dar. Mit zunehmender Anerkennung und Sicherheit im neu-entdeckten Raum steigt das Bedürfnis nach dem Entdecken neuer Räume. Sie liegen in der Stadt verstreut, die Mädchen erobern neue Räume, nehmen sie mit ihrer Unterschrift in Besitz, verlassen sie aber wieder. Dennoch kann hier von einer Raumaneignung gesprochen werden. Die Pieces und Tags werden für die Markierung ihres Territoriums genutzt. Das Leben als Writer ist ein ständiges Auf- und Abtauchen in einer anonymen Welt. Die Welt eines Writers gestaltet sich durch eine Vielzahl an Räumen, die verändert und gestaltet werden können. Zwischen Individuum und Raum besteht eine Interaktion.

Writer verewigen sich – wenn auch oft nur für eine kurze Zeit[54] – im öffentlichen Raum. In einem Raum, der allen BewohnerInnen einer Stadt gehört. Die öffentliche Debatte um Graffiti ist groß. Es wird von einer Zerstörung des Stadtbildes gesprochen, wo jedoch etwas Neues entsteht. Auch wird durch das Besprühen von Wänden, Mauern, etc. keine Bausubstanz zerstört und die Funktion des Gebäudes/ der Mauer nicht beeinträchtigt. Graffitis werden jedoch als Sachbeschädigung verstanden. In der Öffentlichkeit wird über etwas diskutiert, was niemand versteht. Nur wenige wissen über die Writer-Szene Bescheid, kennen die Motive, Einstellungen und Gefühle der SprüherInnen. Ein Grund dafür ist sicherlich auch, dass sich Writer der Öffentlichkeit kaum mitteilen. Oft sind Messages in Pieces an andere Writer gerichtet, den Buchstabensalat an der Wand kann außerdem kaum jemand entziffern.

---

[53] Beide Ansätze sind im Kapitel 3 nachzulesen.

[54] Der Begriff ›Zeit‹ findet in dieser Arbeit wenig Beachtung. Zeit-Raum-Mädchen-Graffiti könnte ein weiteres und interessantes Untersuchungsfeld darstellen. Auch die Sprache der Writer bildet ein interessantes Untersuchungsfeld, welches in der Arbeit keinen Platz fand. Writing ist ohne szenespezifische Sprachcodes nicht möglich.

Und dennoch: Die Writer wählen den öffentlichen (Straßen-)Raum für ihre Bilder, nicht etwa das eigene Zimmer zu Hause. Dahinter steckt nicht nur das Streben nach Fame innerhalb der Szene, sondern auch ein Urwunsch der Menschheit: Etwas zu gelten, etwas Besonderes zu sein. Vor allem in einer urbanen Welt ist die Angst groß, in der Masse unterzugehen oder in der städtischen Anonymität zu vereinsamen. Jugendliche schließen sich zu Crews zusammen, erleben familienähnliche Zusammengehörigkeit in einer Welt voller Patchworkfamilien. Sie brechen zudem die urbane Anonymität durch das Zeigen ›Ich bin da!‹. Es geht schließlich auch um das Präsenz-Zeigen im Graffiti.

Zusammenfassend kann gesagt werden, dass Graffiti als sozialer Prozess gedeutet wird. Graffiti ist ein soziales Lernfeld und durch die Interaktion von Individuum und Raum auch ein Lernort. Soziale Handlungskompetenzen werden hier eingeübt und verfestigt. Graffiti ist eine aktive Jugendkultur, sie gibt Identität. Die jugendlichen Writer schaffen sich damit eine eigene soziale Welt, in der sie sich ausprobieren können. Last but not least stellt die Graffitikultur ein jugendliches Betätigungsfeld dar, das besonders Mädchen dabei helfen kann, sich Räume im urbanen Umfeld vermehrt anzueignen. Die Hypothese, dass eine Interaktion zwischen Raum und Individuum besteht, die eine soziale Verortung von Bildungsprozessen bewirkt, bildete die Grundlage der vorliegenden Abhandlung. An dieser Stelle soll sie auch die Studie abschliessen.

# 10 Literaturverzeichnis


ADICK, Christel (Hrsg.): *Straßenkinder und Kinderarbeit. Sozialisationstheoretische, historische und kulturvergleichende Studien.* Frankfurt am Main: IKO Verlag, 1997

AHREND, Christine: Lehren der Straße. Über Kinderöffentlichkeiten und Zwischenräume. In: ECARIUS/LÖW, 1997, S. 197-212

ARENDT, Hannah: *Vita Activa oder Vom Tätigen Leben.* München u. Zürich: Piper, 1981 (1971)

ANDRIS, Silke: Painting one's own personality. In: MOSER, 2000, S. 59-97

BAACKE, Dieter: *Die 6- bis 12jährigen: Einführung in Probleme des Kindesalter.* Weinheim, Basel: Beltz, 1993a (5. unveränd. Auflage)

BAACKE, Dieter: Sozialökologische Ansätze in der Jugendforschung. In: KRÜGER, Heinz-Hermann (Hrsg.): *Handbuch der Jugendforschung* Opladen: Leske + Budrich, 1993b (2. Auflage), S. 135-157

BAACKE, Dieter: *Jugend und Jugendkulturen: Darstellung und Deutung.* Weinheim, München: Juventa-Verlag, 1993c (1987)

BACHOR, Ursula/Stiftung SPI, Mädea: *Mädchen in sozialen Brennpunkten.* Dokumentation des Fachforums im Rahmen des Aktionsprogramms »Entwicklung und Chancen junger Menschen in sozialen Brennpunkten« des Bundesministeriums für Familien, Senioren, Frauen und Jugend. In Kooperation mit dem Bundesmodell ›Mädchen in der Jugendhilfe‹. Berlin: Stiftung SPI und Mädea, Interkulturelles Zentrum für Mädchen und junge Frauen, Badstraße 10, 13357 Berlin, 2000

BAUDRILLARD, Jean: *Kool Killer oder Der Aufstand der Zeichen* Berlin: Merve Verlag, 1978

BECK; Ulrich und BECK-GERNSHEIM, Elisabeth (Hrsg.): *Riskante Freiheiten.* Frankfurt am Main: Suhrkamp Verlag, 1994a

BECKER, Helmut/EIGENBRODT, Jörg/MAY, Michael: Unterschiedliche Sozialräume von Jugendlichen in ihrer Bedeutung für pädagogisches Handeln. In: *Zeitschrift für Pädagogik*, 30 (1984), H. 4, S. 499-517

BEHNKEN, Imbke (Hrsg.): *Stadtgesellschaft und Kindheit im Prozeß der Zivilisation. Konfigurationen städtischer Lebensweise zu Beginn des 20. Jahrhunderts.* Opladen: Leske + Budrich, 1990

BERG-LAASE, Günter u.a.: *Verkehr und Wohnumfeld im Alltag von Kindern.* Eine sozialökologische Studie zur Aneignung städtischer Umwelt am Beispiel ausgewählter Wohngebiete in Berlin (West) Pfaffenweiler: Centaurus-Verlagsgesellschaft, 1985

BERTELS, Lothar/HERLYN, Ulfert (Hrsg.): *Lebenslauf und Raumerfahrung.* Opladen: Leske + Budrich, 1990

BILDEN, Helga: Geschlechtsspezifische Sozialisation. In: HURRELMANN /DIETER, 1991, S. 279-301

BLANKE, Beate: Bewegungserfahrungen von Mädchen und Frauen. In: FRANKE/SCHANZ, 1998, S. 143-150

BÖHNISCH, Lothar/MÜNCHMEIER, Richard: *Pädagogik des Jugendraums. Zur Begründung und Praxis einer sozialräumlichen Jugendpädagogik.* Weinheim und München: Juventa Verlag, 1990

BOURDIEU, Pierre: *Die feinen Unterschiede. Kritik der gesellschaftlichen Urteilskraft.* Frankfurt am Main: Suhrkamp Verlag, 1982

BOURDIEU, Pierre: Ökonomisches Kapital, kulturelles Kapital, soziales Kapital. In: KRECKEL, 1983, S. 183-198

BOURDIEU, Pierre: *Sozialer Raum und »Klassen«. Lecon sur la lecon. 2 Vorlesungen.* Frankfurt am M.: Suhrkamp Verlag, 1991 (1985)

BOURDIEU, Pierre: Physischer, soziale und angeeigneter physischer Raum. In: WENTZ, 1991, S. 25-34

BRECKNER, Ingrid/STURM, Gabriele: Raum-Bildung: Übungen zu einem gesellschaftliche begründeten Raum-Verstehens. In: ECARIUS/LÖW, 1997, S. 213-236

BRONFENBRENNER, Urie: *Die Ökologie der menschlichen Entwicklung. Natürliche und geplante Experimente.* Stuttgart: Klett-Cotta, 1981

BRUHNS, Kirsten/MACK, Wolfgang (Hrsg.): *Aufwachsen und Lernen in der Sozialen Stadt. Kinder und Jugendliche in schwierigen Lebensräumen.* Opladen: Leske + Budrich, 2001

BUDE, Heinz: Raum als soziale Kategorie. In: Institut für Regionalentwicklung und Strukturplanung (Hrsg.): *Lebensstile und Raumerleben.* Berlin: REGIO, Beiträge des IRS, Nr. 8, 1995, S. 21-29

BÜTOW, Birgit: Mädchen zwischen privaten und öffentlichen Räumen. In: BACHOR, 2000, S. 29-62

CHOMBART DE LAUWE, Paul-Henry: Aneignung, Eigentum, Enteignung. Sozialpsychologie der Raumaneignung und Prozesse gesellschaftlicher Veränderung. In: *Arch+*, (1977), H. 34, S. 2-6

CLEMENS, Wolfgang/STRÜBING, Jörg: *Empirische Sozialforschung und gesellschaftliche Praxis. Bedingungen und Formen angewandter Forschung in den Sozialwissenschaften. Helmut Kromrey zum 60. Geburtstag.* Opladen: Leske + Budrich, 2000

CRANG, Mike/THRIFT, Nigel (Hrsg.): *Thinking space.* New York: Routledge, 2000

DANGSCHAT, Jens S.: Raum als Dimension sozialer Ungleichheit und Ort als Bühne der Lebensstilisierung? – Zum Raumbezug sozialer Ungleichheiten und von Lebensstilen. In: SCHWENK, 1996, S. 99-135

DEHLINGER, Gottfried u.a.: *Kinderalltag und Lebensqualität im städtischen Raum.* Reutlingen: Diakonie Verlag, 1999

DEINET, Ulrich: Raumaneignung in der wissenschaftlichen Theorie. In: BÖHNISCH/MÜNCHMEIER, 1990, S. 57-65

DEINET, Ulrich: *Sozialräumliche Jugendarbeit. Eine praxisbezogene Anleitung zur Kozeptentwicklung in der Offenen Kinder- und Jugendarbeit.* Opladen: Leske + Budrich, 1999

DEUTSCHES JUGENDINSTITUT (Hrsg.): *Was tun Kinder am Nachmittag? Ergebnisse einer empirischen Studie zur mittleren Kindheit.* München: Verlag Deutsches Jugendinstitut, 1992

DOMENTAT, Tamara: New York City: Als die Buchstaben laufen lernten. In: HENKEL u.a., 1994, S. 8-14

DOMENTAT, Tamara: Graffiti in Berlin: Die Szene hat viele Gesichter. In: HENKEL u.a., 1994, S. 24-29

DOMENTAT, Tamara: Mädchenbilder in der Welt der Homeboys. In: HENKEL u.a., 1994, S. 72-73

ECARIUS, Jutta/LÖW, Martina (Hrsg.): *Raumbildung – Bildungsräume.* Opladen: Leske + Budrich, 1997

ECARIUS, Jutta: Lebenslanges Lernen und Disparitäten in sozialen Räumen. In: ECARUIS/LÖW, 1997, S. 33-62

ECARIUS, Jutta: Aufwachsen in Zeiten gesellschaftlicher Umstrukturierung sozialer Räume. Ostdeutsche Bruchbiographien von Heranwachsenden im Kontext von Familie, Freizeit und sozialem Milieu. In: MANSEL/NEUBAUER, 1998, S. 67-89

ECKERT, Roland/REIS, Christa/WETZSTEIN, Thomas: *›Ich will halt anders sein wie die anderen‹. Abgrenzungen, Gewalt und Kreativität bei Gruppen Jugendlicher.* Opladen: Leske + Budrich, 2000

ELLERMANN, Astrid: *Raumaneignung, Körperlichkeit und Bewegungskultur von Mädchen.* Diplomarbeit, Berlin: Freie Universität Berlin, Fachbereich Erziehungswissenschaft, Psychologie und Sport, Institut für Sozialpädagogik, 2000

EMMENEGGER, Michael: ›Wenn ich habe Freizeit, ich gehe spazieren. Immer‹ Die öffentlichen Orte jugendlicher MigrantInnen. URL: http://www.db.nextroom.at/tx/614.html (vom 23.1.2002)

FLADE, Antje/KUSTOR-HÜTTL, Beatrice (Hrsg.): *Mädchen in der Stadtplanung: Bolzplätze – und was sonst?* Weinheim: Deutscher Studien Verlag, 1993

FLADE, Antje: Kann der Rückzug der Mädchen aus dem öffentlichen Raum durch Stadtplanung verhindert werden? Empirische Forschungsergebnisse und Schlußfolgerungen. In: FLADE/KUSTOR-HÜTTL, 1993, S. 23-40

FLADE, Antje/KUSTOR, Beatrice (Hrsg.): *Raus aus dem Haus. Mädchen erobern die Stadt.* Frankfurt/Main, New York: Campus Verlag, 1996

FLADE, Antje: Sozialisation – das Hineinwachsen in die weibliche und männliche Lebenswelt. In: FLADE/KUSTOR, 1996, S. 12-27

FOUCAULT, Michel: Andere Räume. In: WENTZ, 1991, S. 65-72

FRANKE, Pia/SCHANZ, Barbara: *FrauenSportKultur.* Butzbach-Griedel: Afra Verlag, 1998

FRÖHLICH, Gerhard: Kapital, Habitus, Feld, Symbol. Grundbegriffe der Kulturtheorie bei Pierre Bourdieu. In: MÖRTH/FRÖHLICH, 1994, S. 31-54

GARBE, Christine: *Die ›weibliche‹ List im ›männlichen‹ Text: Jean-Jacques Rousseau in der feministischen Kritik.* Stuttgart/Weimar: Metzler, 1992, S. 36-61

GEIGER, Gabriele: Postmoderne Raumorganisation. In: ECARIUS/LÖW, 1997, S. 63-91

GLINKA, Hans-Jürgen: *Das narrative Interview: eine Einführung für Sozialpädagogen.* Weinheim, München: Juventa Verlag, 1998

GLÖCKLER, Ulrich: *Aneignung und Widerstand. Eine Feldstudie zur ökologischen Pädagogik.* Stuttgart: ed.co.edition cordeliers/edition cadre, 1988

HABERMAS, Jürgen: *Strukturwandel der Öffentlichkeit. Untersuchungen zu einer Kategorie bürgerlicher Gesellschaft.* Neuwied: 1990 (1962)

HAGEMANN-WHITE, Carol: *Sozialisation: weiblich – männlich?* Opladen: Leske + Budrich, 1984

HARMS, Gerd/PREISSING, Christa/RICHTERMEIER, Adolf: Kinder in der Großstadt. Aneignung von städtischem Raum, Konkurrenz und soziale Kontrolle. In: *Westermanns Pädagogische Beiträge*, 38 (1986), H. 5, S. 26-31

HÄUSSERMANN, Hartmut u.a.: *Stadt und Raum: soziologische Analysen.* Pfaffenweiler: Centaurus Verlag, 1992 (1991)

HENKEL, Olivia/DOMENTAT, Tamara/WESTHOFF, René: *Spray City. Graffiti in Berlin.* Berlin: Schwarzkopf, 1994

HEILIGER, Anita/ FUNK, Heide (Hrsg.): *Neue Aspekte der Mädchenförderung.* München: Verlag Deutsches Jugendinstitut, 1990

HEILIGER, Anita/KUHNE, Tina (Hrsg.): *Feministische Mädchenpolitik.* München: Verlag Frauenoffensive, 1993, S. 166-175

HERLYN, Ulfert: Zur Aneignung von Raum im Lebensverlauf. In: BERTELS/HERLYN, 1990, S. 7-34

HERLYN, Ulfert: *Leben in der Stadt: Lebens- und Familienphasen in städtischen Räumen.* Opladen: Leske + Budirch, 1990a

HITZLER, Ronald: Sinnbasteln. Zur subjektiven Aneignung von Lebensstilen. In: MÖRTH/FRÖHLICH, 1994, S. 75-92

HÖRSTER, Reinhard: BildungsPlazierungen. In: ECARIUS/LÖW, 1997, S. 89-121

HÖRZ, Peter F.N.: ›They try to put us in chains but we still bomb the trains‹. Graffiti – ritualisierte Heldentaten In: *Deutsche Jugend*, 45 Jg. (1997), H. 6, S. 263-269

HOLZKAMP, Klaus: *Sinnliche Erkenntnis – Historischer Ursprung und gesellschaftliche Funktion der Wahrnehmung.* Frankfurt am Main: Athenäum Verlag, 1978 (4. Auflage)

http://graffiti.netbase.org

HURRELMANN, Klaus/DIETER, Ulrich (Hrsg.): *Neues Handbuch der Sozialisationsforschung* Weinheim: Beltz, 1991 (4. Auflage)

JACOBI, Juliane: Wer ist Sophie? In: *Pädagogische Rundschau*, 44 (1990), S. 303-319

KESSL, Fabian: Komm rein, dann kannst du reinschau'n! Zur Konjunktur sozialraumorientierter Präventionsstrategien. In: *Widersprüche*, (2001), H. 82, S. 39-52

KLEES, Renate/MARBURGER, Helga/ SCHUMACHER, Michaela: *Mädchenarbeit. Praxishandbuch für die Jugendarbeit. Teil 1.* Weinheim/München: Juventa Verlag, 1997 (1989)

KLEIN, Naomi: *No Logo.* München: Riemann, 2001

KONAU, Elisabeth: *Raum und soziales Handeln. Studien zu einer vernachlässigten Dimension soziologischer Theoriebildung.* Göttinger Abhandlungen zur Soziologie, Band 25. Stuttgart: Enke, 1977

KRAUSE, Juliane: *Mobilität und Raumaneignung von Kindern.* Berichte der Bundesanstalt für Straßenwesen, Heft M108, unter Mitarbeit von Ina Böhme, Helge Schäfer und Silke Lässig. Bremerhaven: Verlag für neue Wissenschaft GmbH, 1999

KRECKEL, Reinhard (Hrsg.): *Soziale Ungleichheiten.* Göttingen: Schwartz, 1983

KREKOW, Sebastian/RÖSKE, Olaf: *Graffiti Art #6.* Berlin: Scharzkopf und Schwarzkopf, 1997

KREKOW, Sebastian u.a.: *HipHop – Lexikon. Rap, Breakdance, Writing + Co: Das Kompendium der HipHop-Szene.* Berlin: Lexikon Imprint Verlag, 1999

KRUSE, Lenelis/GRAUMANN, Carl F.: Sozialpsychologie des Raumes und der Bewegung. In: *Kölner Zeitschrift für Soziologie und Sozialpsychologie*, (1978), Sonderheft 20, Materialien zur Soziologie des Alltags, S. 177-219

KUSTOR-HÜTTL, Beatrice: Welche Möglichkeiten hat die Planung, für Mädchen Raum zu schaffen und sie dennoch nicht zu sehr einzuengen? In: FLADE/KUSTOR-HÜTTL, 1993, S. 183-192

KUSTOR, Beatrice: Das Verschwinden der Mädchen aus dem öffentlichen Raum. Freizeit und Mobilität von Mädchen und Jungen im städtischen und ländlichen Raum. In: FLADE/KUSTOR, 1996, S. 28-44

LÄPPLE, Dieter: Essay über den Raum. Für ein gesellschaftswissenschaftliches Raumkonzept. In: HÄUSSERMANN, 1991a, S. 157-207

LÄPPLE, Dieter: Gesellschaftszentriertes Raumkonzept. In: WENTZ, 1991b, S. 35-46

LEDIG, Michael/NISSEN, Ursula: *Kinder und Wohnumwelt. Eine Literaturanalyse zur Straßensozialisation.* München: DJI Verlag Deutsches Jugendinstitut e.V., 1987

LEDIG, Michael: Vielfalt oder Einfalt – Das Aktivitätenspektrum von Kindern. In: DJI, 1992, S. 31-74

LEONTJEW, A. N.: *Probleme der Entwicklung des Psychischen.* Berlin: Volk und Wissen. Volkseigener Verlag Berlin, 1971

LIPSKI, Jens: Freizeiträume ostdeutscher Schulkinder. In: *ZSE*, 16. Jg. (1996) H. 4, S. 353-371

LÖW, Martina: Widersprüche der Moderne. Die Aneignung von Raumkonstellationen als Bildungsprozeß. In: ECARIUS/LÖW, 1997, S. 15-32

LÖW, Martina: *Raumsoziologie.* Frankfurt am Main: Suhrkamp Verlag, 2001

MANSEL, Jürgen/NEUBAUER, Georg (Hrsg.): *Armut und soziale Ungleichheit bei Kindern. Über die veränderten Bedingungen des Aufwachsens.* Opladen: Leske + Budrich, 1998

MAY, Michael. Sozialraum. Unterschiedliche Theorietraditionen, ihre Entstehungskontexte und praktische Implikationen. In: Widersprüche. Zeitschrift für sozialistische Politik im Bildungs-, Gesundheits- und Sozialbereich: *Raum-Effekte. Politische Strategien und kommunale Programmierung.* 2001, H. 82, S. 5-23

MERKENS, Hans: Die Nutzung sozialer Räume durch Jugendliche in ihrer Freizeit. In: *Zeitschrift für Erziehungswissenschaft*, 3 (2001), S. 437-455

MOSER, Johannes (Hrsg.): *Jugendkulturen: Recherchen in Frankfurt am Main und London.* Frankfurt am Main: Institut für Kulturanthropologie und Europäische Ethnologie, 2000

MÖRTH, Ingo/FRÖHLICH, Gerhard (Hrsg.): *Das symbolische Kapital der Lebensstile: zur Kultursoziologie der Moderne nach Pierre Bourdieu.* Frankfurt am Main/New York: Campus Verlag, 1994

MUCHOW, Martha/MUCHOW, Hans Heinrich: *Der Lebensraum des Großstadtkindes.* Bensheim: päd extra-Buchverlag, 1980 (2. Auflage)

NISSEN, Ursula: Räume für Mädchen? Geschlechtsspezifische Sozialisation in öffentlichen Räumen. In: PREUSS-LAUSITZ, 1990, S. 148-160

NISSEN, Ursula: Raum und Zeit in der Nachmittagsgestaltung von Kindern. In: DJI (Hrsg.), 1992, S. 127-170

NISSEN, Ursula: *Kindheit, Geschlecht und Raum: sozialisationstheoretische Zusammenhänge geschlechtsspezifischer Raumaneignung.* Weinheim: Juventa Verlag, 1998

NISSEN, Ursula: Mädchen und sozialer Raum. In: BACHOR, 2001, S. 13-28

NITSCHE, Sybille: Millionenschäden in Berlin: Wer stoppt die Sprayer? In: *Berliner Morgenpost*, 4.4.2002

PASSARGE, Ulla/ROSE, Lotte/STIBANE, Friederike: Raus aus dem Haus. Bewegungs- und handwerksbezogene Mädchenarbeit in öffentlichen Räumen. In:

FLADE/KUSTOR, 1996, S. 178-194

PFEIL, Elisabeth: *Das Großstadtkind.* Stuttgart: Klett, 1955

PFISTER, Gertrud: Spiel- und Bewegungserfahrungen von Mädchen. Zum Zusammenhang von Körperkarrieren, Raumaneignung und Persönlichkeitsentwicklung. In: FLADE/KUSTOR-HÜTTL, 1993, S. 41-69

PIAGET, Jean/INHELDER, Bärbel: *Die Entwicklung des räumlichen Denkens.* Stuttgart: Klett Verlag, 1971 (1. Auflage)

PAINTER, Joe: Bourdieu. In: CRANG/THRIFT, 2000, S. 239-259

PALZKILL, Birgit/SCHEFFEL, Heidi/SOBIECH, Gabriele: *Bewegungs(t)räume. Frauen Körper Sport.* München: Frauenoffensive, 1991, S. 31-45

PERMIEN, Hanna/ZINK, Gabriela: *Endstation Straße? Straßenkarrieren aus der Sicht von Jugendlichen.* München: Verlag Deutsches Jugendinstitut, 1998

PREUSS-LAUSITZ, Ulf: *Kriegskinder, Konsumkinder, Krisenkinder: zur Sozialisationsgeschichte seit dem Zweiten Weltkrieg.* Weinheim und Basel: Beltz Verlag, 1991 (1983)

PREUSS-LAUSITZ, Ulf u.a. (Hrsg.): Selbständigkeit für Kinder – die große Freiheit? Kinder zwischen pädagogischen Zugeständnissen und gesellschaftlichen Zumutungen. Weinheim, Basel: Beltz, 1990

RAMONET, Ignacio: Drei Fronten. In: *Le Monde diplomatique.* Beilage der tageszeitung vom 15. März 2002

RAUSCHENBACH, Brigitte: Hänschen klein ging allein... Wege in die Selbständigkeit. In: PREUSS-LAUSITZ, 1990, S. 161-177

RAUSCHENBACH, Brigitte/ZEIHER, Helga: Alltagsverhalten von Mädchen im öffentlichen Raum. In: *Frei Räume.* Streitschrift der feministischen Organisation von Planerinnen und Architektinnen – FOPA e.V., Sonderheft 1992/93, Dortmund: edition ebersbach im eFeF-Velag, 1993

RICHTER, Rudolf: Stilwandel und Stilkonflikte. Zur Analyse von Lebensstilen und Mentalitäten im sozialen Raum am Beispiel kleinbürgerlicher Stilmerkmale. In: MÖRTH/FRÖHLICH, 1994, S.167-180

ROSE, Lotte: Körper ohne Raum. Zur Vernachlässigung weiblicher Bewegungs- und Sportwelten in der feministischen Körper-Debatte. In: *Feministische Studien*, 10 (1992), H. 1, S. 113-120

ROUSSEAU, Jean-Jacques: *Emile oder Von der Erziehung*. Paderborn: Ferdinand Schöningh, 1971 (Erstausgabe 1762)

SCHEFFEL, Heidi/SOBIECH, Gabriele: ›Ene, mene, muh, aus bist du?‹ Die Raumaneignung von Mädchen und Frauen durch Körper und Bewegung. In: PALZKILL/SCHEFFEL/SOBIECH, 1991, S. 31-45

SCHMALS, Klaus M.: Enstrukturierung von Raum und Zeit im Jugendalter In: CLEMENS/STRÜBING, 2000

SCHMALS, Klaus M.: Raumbezüge der Jugend – Jugend in der Raumsoziologie. In: TULLY, 1999, S. 67-84

SCHMID, Pia: Rousseau Revisited. Geschlecht als Kategorie in der Geschichte der Erziehung. In: *Zeitschrift für Pädagogik*, 38 (1992), H. 6, S. 839-854

SCHÖN, Elke: »Draußen ist es viel schöner als wenn man drin in der ›Stub‹ hockt« – Lebensalltag von Mädchen im Kids-Alter. In: DEHLINGER, 1999

SCHÜTZE, Fritz: *Das narrative Interview in Interaktionsfeldstudien: erzähltheoretische Grundlagen*. KURS der Fernuniversität Hagen, 1987, S. 49f

SCHWARZKOPF, Oliver (Hrsg.): *Graffiti Art: Deutschland – Germany*. Berlin: Schwarzkopf + Schwarzkopf (Sonderausgabe)

SCHWENK, Otto G. (Hrsg.): *Lebensstil zwischen Sozialstrukturanalyse und Kulturwissenschaft* Opladen: Leske + Budrich, 1996

SIEGL, Norbert (Hrsg.): *20 Jahre Graffiti-Forschung*. Wien: Institut für Graffiti-Forschung, 1999

SKELTON, Tracy/VALENTINE, Gill (Hrsg.): *Cool Places*. New York: Routledge, 1998

SKROTZKI, Aurelio: Graffiti. Öffentliche Kommunikation und Jugendprotest. Stuttgart: Edition 451, 1999

SOYA, Edward W.: Geschichte – Geographie – Modernität. In: WENTZ, 1991, S. 73-90

STAHL, Johannes (Hrsg.): *An der Wand. Graffiti zwischen Anarchie und Galerie.* Köln: DuMont Buchverlag, 1989

STAHNKE-JUNGHEIM, Dorothea: *Graffiti in Potsdam aus der Sicht von Sprayern und jugendlichen Rezipienten im Land Brandenburg.* Frankfurt a.M. u.a.: Peter Lang, 2000

STALLER, Susanne: *Mädchen greifen Raum.* URL: http://www.db.nextroom.at/tx/5090.html (vom 23.1.2002)

STEINMAIER, Helga: Raumaneignung von Mädchen in öffentlichen Räumen. In: HEILIGER/KUHNE, 1993, S. 166-175

STEINMAIER, Helga: Zugänge zum Thema ›Mädchen im öffentlichen Raum‹ aus dem Blickwinkel feministischer Pädagogik. In: FOPA Berlin (Hrsg.): *Frei-Räume. Ortswechsel – Blickwechsel. Frauenräume in der Migration*, Heft 9 (1996), S. 175-180

SCHWAB, Waltraud: Die Unterschrift unter die Stadt. In: *die tageszeitung* (4.4.2002)

THIELE, Gisela/TAYLOR, Carl S.: *Jugendkulturen und Jugendgangs: eine Betrachtung zur Raumaneignung und Raumverdrängung – nachgewiesen an Entwicklungen in den neuen Bundesländern und den USA.* Berlin: VWB, 1998

TREEK VAN, Bernhard: *Graffiti-Lexikon.* MOERS: Edition Aragon, 1994

TREEK VAN, Bernhard/TODT, Mark: *Hall of Fame. Graffiti in Deutschland.* Moers: Edition Aragon, 1995

TULLY, Claus J. (Hrsg.): *Erziehung und Mobilität: Jugendliche in der automobilen Gesellschaft.* Frankfurt/Main, New York: Campus Verlag, 1999, S. 67-84

TULLY, Claus/SCHULZ, Ulrike: *Mobilität in der Jugendforschung.* Jugendkultureller Alltag – untersucht im Rahmen des Projekts U@Move. München: Deutsches Jugendinstitut, 2001

VERLAN, Sascha/LOH, Hannes: *20 Jahre Hip-Hop in Deutschland.* Höfen: Hannibal Verlag, 2000

WENTZ, Martin (Hrsg.): *Stadt-Räume.* Frankfurt a.M., New York: Campus Verlag, 1991

ZEIHER, Helga: Organisation des Lebensraums bei Großstadtkindern – Einheitlichkeit oder Verinselung? In: BERTELS/HERLYN, 1990, S. 35-58

ZEIHER, Helga: Die vielen Räume der Kinder. Zum Wandel räumlicher Lebensbedingungen seit 1945 In: PREUSS-LAUSITZ, 1991 (1983)

ZEIHER, Helga: Kindheitsräume. Zwischen Eigenständigkeit und Abhängigkeit. In: BECK/BECK-GERNSHEIM, 1994a, S. 353-375

ZEIHER, Hartmut J./ZEIHER, Helga: *Orte und Zeiten der Kinder: soziales Leben im Alltag von Großstadtkindern.* Weinheim, München: Juventa Verlag, 1994b

ZEIHER, Helga: Die Räume der Kinder. Kindheit als institutionalisierte Lebensform. In: *Theorie und Praxis der Sozialarbeit*, 2 (1999), S. 51-55

ZINNECKER, Jürgen: Straßensozialisation. Versuch, einen unterschätzten Lernort zu thematisieren In: *Zeitschrift für Pädagogik*, 25 (1979), H. 5, S. 727-746

ZINNECKER, Jürgen: Vom Straßenkind zum verhäuslichten Kind. Kindheitsgeschichte im Prozeß der Zivilisation. In: BEHNKEN, 1990

ZINNECKER, Jürgen: Straßensozialisation. Ein Kapitel aus der Geschichte von Kindheit und Pädagogik. In: ADICK, 1997, S. 93-116

ZINNECKER, Jürgen: *Stadtkids. Kinderleben zwischen Straße und Schule.* Weinheim und München: Juventa Verlag, 2001

***ibidem*-Verlag**
Melchiorstr. 15
D-70439 Stuttgart

info@ibidem-verlag.de

www.ibidem-verlag.de
www.edition-noema.de
www.autorenbetreuung.de

Zeitfracht Medien GmbH
Ferdinand-Jühlke-Straße 7
99095 Erfurt, Deutschland
produktsicherheit@kolibri360.de